예술의 정신분석학적 해석

나남
nanam

나남신서 1372

예술의 정신분석학적 해석

2009년 1월 5일 초판 발행
2009년 1월 5일 초판 1쇄

지은이_ 金容新
발행자_ 趙相浩
발행처_ (주) 나남
주소_ 413-756 경기도 파주시 교하읍
출판도시 518-4
전화_ 031) 955-4600 (代)
FAX_ 031) 955-4555
등록_ 제 1-71호(79. 5. 12)
홈페이지_ www.nanam.net
전자우편_ post@nanam.net

ISBN 978-89-300-8372-0
ISBN 978-89-300-8001-9 (세트)
책값은 뒤표지에 있습니다.

예술의 정신분석학적 해석

김용신

나남
nanam

A Psychoanalytic Interpretation of Art

by

Yong Shin Kim

nanam

∷ 책을 펴내며

나는 만 5세부터 붓글씨를 배우기 시작하였다. 어린 시절에는 붓글씨가 쓰기 싫어서 갖은 꾀를 부리고 왜 이런 고루한 붓글씨를 써야 하는지 이해할 수가 없었다. 이런 짜증을 낼 때마다 선생님들은 붓글씨는 정신수양을 위해서 그리고 나아가서는 예술의 한 장르로서 중요한 의미를 가지고 있다고 역설하였다. 어린 마음에도 한문 붓글씨를 배우는 것은 많은 인내를 요구하는 것이므로 정신수양의 방편이 될 수 있다는 말에는 일면 수긍이 갔다. 그런데 예술이라 함은 무용이나 미술, 그리고 음악이 우선 머리에 떠올랐지 과거의 한문 글씨를 쓰는 일도 예술이라니 나의 머리는 그때부터 복잡해지면서 예술에 대한 많은 질문을 가지게 되었다. 예술은 무엇인가? 아름다움은 무엇인가? 우리는 어떨 때 아름다움을 느끼는가? 인간생활과 예술은 어떤 관계가 있는 것인가? 예술은 왜 하는가? 셀 수 없는 많은 질문이 붓글씨를 배우는 나를 괴롭혔다.

이러한 질문을 가지고 나는 어린 시절을 보냈으며 그 뒤 청년이 되어 비교적 여러 장르의 예술가들을 만나면서부터는 하나둘씩 그간의 의문을 풀려고 노력하였다. 그리고 가끔 나름대로 예술에 대한 논의를 전개해보려고 했으나 명쾌한 소신이 서지는 못하였다. 그래서 복잡한 예술 전반의 문제보다는 범위를 좁혀 붓글씨에 대한 나름의 논리만을 정리해 보려고 노력도 하였다. 그러나 붓글씨도 그 본질적 의미를 밝히려고 보면 결국은 다시 예술이란 무엇인가 라는 질문으로 돌아가고 말았다. 청년시절 나는 이러한 문제의 대답을 뒤로 하고 대학에서 전공한 정치철학을 공부하기 위해 일단 미국 유학을 떠나게 되었다.

그런데 정치철학을 하려면 기본적으로 인간은 어떤 존재인가 라는 질문에 나름대로의 답이 필요했다. 그것을 알아야 정치가 어떤 방향으로 가는 것이 보다 인간을 행복하게 할 수 있는가 라는 정치철학의 논리를 세울 수 있기 때문이다. 따라서 나는 서양철학에서 논의되는 고대와 근대의 다양한 사상과 이론을 종횡무진 접하게 된 것이다. 그러다가 인간의 본성에 관한 문제에 특별한 관심을 가지게 되었고 인간성 연구가 이성의 강조와 감성을 강조하는 흐름으로 양별되고 있음도 알게 되었다.

실제로 나는 어린 시절부터 유교적 사상에 길들여진 사람이어서 서양철학에서도 이성을 강조한 고대철학에 더 많은 관심이 있을 줄 알았는데 이상하게 근대의 감성을 강조하는 철학에 마음이 끌리고 말았다. 너무나 정신 수양을 강조하는 붓글씨에 시달린 반작용이었는지도 모른다. 구체적으로 근대사상 중에도 마키아벨리(Machiavelli), 홉스(Hobbes), 니체(Nietzsche), 프로이트(Freud)로 연결되어온 절대이론의 부정 그리고 감성 강조의 논리에 보다 많은 흥미를 갖게 되었다. 그리고 결국은 무의식의 동적 양상을 연구하는 프로이트의 정신분석학에 흠뻑 빠져들고 말았으니, 정신분석학 지식을 활용하여 인간의 정치 및 사회행동을 분석하는 이른바 정신분석적 정치(혹은 사회)이론이 나의 전공이 되어버렸다.

따라서 인간 무의식의 동적 양상에 근거한 감성의 표출과 그 다양한 양태를 연구하게 된 것이다. 이 과정에서 미학(*Aesthetics*)에 관심이 있는 비판이론가들이나 정신분석학자들이 예술은 지성이 아닌 감성의 표현이라고 역설하고 있음을 발견하고 번쩍 한 가지 생각이 떠올랐다. 그것은 바로 예술이 감성의 표현이라면 내가 지금 연구하는 인간 무의식적 감성의 동적 양상이야말로 예술을 이해하는 기본이 될 수 있다는 점이었다. 드디어 나는 틈나는 대로 옛날 풀지 못한 예술에 대한 다양한 질문의 답을 마음속으로 정리해보기 시작하였다.

하지만 나의 게으름으로 인해 예술에 대한 나름대로의 정신분석학적 해석을 글로 적어 보리라는 생각은 자꾸만 미뤄졌다. 그러다가 지난여름 갑자기 완전치는 않더라도 나의 생각을 책으로 펴내야겠다는 충동을 느낀 것이다. 그런데 막상 정신분석학의 입장에서 예술을 논한다는 것이 그렇게 간단한 일은 아니었다. 특히 예술의 본질을 규명한답시고 여러 이론들을 제시하다 보니 오히려 복잡하고 어려워지는 느낌도 받았다. 그러나 나는 원래 욕심이 많고 꿈과 현실을 잘 구별 못하는 어리석음이 있기에 배짱을 부리면서 원고를 써내려갔다.

이러한 나의 어리석음에도 불구하고 이 원고를 쓰는 데는 한 사람의 조언자가 있었다. 바로 한국무용가인 노을(露乙) 이은주 교수이다. 나는 가끔 이 교수를 만나 예술에 대한 대화를 하면서 생각을 정리해 나갔다. 특히 내가 잘 모르는 무용에 대한 이 교수의 설명은 나에게 예술의 본질을 이해하는 데 많은 도움이 되었다. 뿐만 아니라 이 교수는 바쁜 일정에도 불구하고 이 원고를 자세히 읽고 많은 조언을 아끼지 않았다. 이 자리를 통해서라도 감사의 말씀을 전하고 싶다.

나는 한국사회에 있어서 예술이론에 관한 연구가 보다 다양하게 이루어지기를 바라며 이에 대한 논쟁도 열린 마음으로 활발히 전개되기를 바라는 사람이다. 이것은 한국 예술을 활성화시키는 기초가 된다고 믿기 때문이다. 따라서 나는 이 원고가 예술의 본질적 의미를 보다 입체적으로 이해하는 데 미비하나마 도움이 되기를 기대할 뿐이다. 그러나 나는 이 원고에 무한의 책임을 가지고 많은 분들의 조언과 비판을 달게 받을 각오를 하고 있으며, 논쟁이 필요하다면 그 논쟁에도 기꺼이 참여하기를 원한다. 물론 나의 주장이나 설명에 잘못된 부분이 있다면 즉시 고칠 것이다.

끝으로 어려운 출판사정에도 이 원고를 책으로 엮어준 (주)나남출판에 감사의 말씀을 전한다.

2009년 1월

然怡書廊에서 怡堂 金容新

예술의 정신분석학적 해석

차 례

제 1 장

들어가며

예술은 무엇인가? 잘 알 것 같은 질문인데 막상 구체적으로 설명하기는 어렵다. 그러나 조금만 생각하면 '예술은 아름다움을 추구하는 일이다'라는 대답은 할 수 있다. 그렇다면 아름다움이란 무엇인가? 여기서부터는 생각이 복잡해진다. 아름다움이란 객관성도 가지지만 한편으로는 매우 주관적 개념일 수도 있기 때문이다. 그렇다면 생각을 달리하여 인간은 어떨 때 아름다움을 느끼는가라고 질문을 바꿀 필요가 있다. 이는 예술의 본질이 아름다움의 추구에 있는 한, 아름다움을 느끼는 상태를 이해하는 것 자체가 아름다움을 추구하려는 예술의 본질을 이해하는 첩경일 것이기 때문이다. 결국 인간은 어떨 때 아름다움을 느끼는가라는 질문은 아름다움에 대한 복잡한 철학적 논리를 넘어서 예술에 대한 의미의 핵심을 인간의 감성적 표현으로 이해할 수 있는 길을 열어주는 질문이 된다. 왜냐하면 아름다움은 지적능력이 아닌 감성으로 느끼는 것이기 때문이다.

실제로 많은 미학(*aesthetics*)자들은 예술을 지적(*intellectual*)이 아닌 감성적(*emotional*) 표현으로 설명한다. 대표적으로 《예술의 언어》(*Languages of Art*)라는 명저를 남긴 굿맨(Nelson Goodman)은 이 저서에서 한마디로 "예술은 지성이 아닌 감성을 통해서 세상을 알려는 시도"라고 명쾌히 말하고 있다.+ 굿맨의 설명보다 훨씬 전에 랭거(Susanne

Langer)도 《예술의 문제점》(*Problems of Art*)이라는 유명한 저서에서 "예술은 느낌의 한 상징이다"(*art is a symbol of feeling*)라고 지적하였다.++ 이는 바로 아름다움이란 감성을 통해서 느끼는 것이기에 아름다움을 추구하는 예술이야말로 지적 표현이 아닌 감성적 표현으로 이해해야함을 지적한다고 할 수 있다.

그렇다면 예술 혹은 아름다움에 대한 논의는 인간감성의 본질을 이해하는 데서부터 출발해야함은 너무나 당연한 일이 된다. 따라서 인간의 감성을 규명하려는 정신분석학의 지식이 예술을 이해하는 데 많이 원용되기도 하였다. 그 출발은 비판이론가들(*critical theorists*)이라고 불리는 독일의 프랑크푸르트학파(Frankfurt School)에 의해 시도되었으며, 후일 프로이트(Sigmund Freud)의 본능이론(*drive theory*)과 본능보다 자아에 대한 외부의 영향을 강조하는 신 프로이트 학파(Neo-Freudian School)의 문제점들을 극복하기 위해 자아와 대상 간의 감성적 교감을

\+ Nelson Goodman, *Languages of Art*(Indianapolis and New York: Bobbs-Marrill, 1972), p.242.

++ Fred Alford, *Melanie Klein & Critical Social Theory*(New Haven and London: Yale University Press, 1989), p.104에서 재인용. Susanne Langer, *Problems of Art: Ten Philosophical Lectures*(New York: Scribner's, 1957) 참고.

강조하는 대상관계이론가들(*object relation theorists*)+에 의해 지속적으로 논의된다.

이 원고는 상기의 전제하에서 인간감성의 본질을 필자가 이해하는 철학적 및 정신분석학적 입장에서 규명하고 인간감성의 표출에 따른 다양한 예술적 작업의 본질을 구체적으로 설명하려는 데 그 초점을 둔다. 이 점에 있어서 필자는 인간 감성의 예술적 표출을 '완전성 추구', '승화', 그리고 '현실표현'이라는 세 가지 양태로 나누어 설명하였다. 이 세 가지 양태는 따지고 보면 인간의 비자족성을 해결하려는 완전성 추구라는 본질적 욕구의 발현으로 모두 귀결될 수 있다. 필자가 이해하는 정신분석학의 지식에 의하면 인간의 모든 행동은 그 기초가 바로 완전성 추구에 있다고도 볼 수 있기 때문이다. 그러나 완전성 추구의 욕망과는 조금은 다른 측면에서 문명 이후에 느끼게 되는 불만족을 통하여 나타나는 억압된 욕망의 해소 욕구가 예술로 표현되는 바를 크게 초월성(*transcendence*)과 내재성(*immanence*)의 입장에서 별도로 설명하였다. 그리고 이러한 인간 감성표출로서 예술이 가지는 창조성과 감동의 재현으로써 예술적 의미는 장을 달리하여 논의하였다. 첨가하여 예술에

+ 정신분석학의 발전과정과 대상관계이론에 대한 설명은 김용신, 《성리학자 기대승 프로이트를 만나다》(예문서원, 2002), pp.74~91.

대한 공감의 의미와 이에 따른 평론, 그리고 예술의 역할과 한계까지도 나름대로 설명하였다. 이러한 논의들은 결론으로 예술에 대한 보다 입체적 이해를 가능케 할 것으로 믿는다.

제 2 장

문명과 인간의 감성

문명의 양면성

문명은 인간만이 만들어낼 수 있는 위대한 업적임에는 틀림없다. 우리는 문명 속에서 우리의 생명을 안전하게 보호받고 우리가 원하는 안락한 생활을 향유한다. 그런데 곰곰이 생각하면 우리는 문명 속에서 도덕이나 법의 이름으로 많은 감성들을 억제해야함도 발견하게 된다. 혹자는 문명 속에서 억압받아야 하는 욕망들은 인간의 진정한 행복을 저해하는 것이기 때문에 그 억압을 억압으로 느끼면 안 된다고 말할 수 있다. 그러나 이 세상에 절대적으로 옳고 절대적으로 악한 것은 존재하지 않는다는 사고를 가진 사람들에게 있어서 문명이 내세우는 도덕이나 법은 때로는 우리를 슬프게 하는 일이 될 수 있다. 예술을 이야기하는 데 제일 먼저 이러한 문명 이야기를 하는 이유는 바로 문명이 우리에게 주는 감성적 기쁨과 슬픔이 예술표현에 가장 중요한 본질적 요소 중의 하나로 작용하기 때문이다.

주지하는 바와 같이 서양철학의 시조라고 할 수 있는 플라톤(Platon)이나 아리스토텔레스(Aristoteles)는 인간은 이성을 가졌기에 우리를 진정으로 행복하게 할 수 있는 최고의 선(*good*) 혹은 진리를 발견할 수 있다고 주장한다. 이런 입장에서 보면 문명이란 우리가 이성의 힘으로 절대선을 찾기 위한 수단이며, 그 속에서 우리는 지금까지 나름대로 행복을 느끼고 있다고 말할 수 있다. 그런데 이성의 힘을 부정하는 입장에서 보면 문제는 완전히 달라진다. 이처럼 고대철학에서 강조하는 이성의 힘을 통한 개인과 사회의 조화와 우리를 행복하게 해줄 수 있는 진리의 발견에 최초의 반기를 든 서양 철학자는 이탈리아의 마키아벨리(Niccolo Machiavelli)였다. 그는 인간이란 단순한 감각적 동물로서 선이나 진리를 향해 가는 것이 아니라 오직 자신의 욕망만을 향하여 달려가는 존재이며, 따라서 인간 삶의 본질도 자신의 욕망추구 과정이라고 말하고 있다.+ 그렇다면 인간 사회는 욕망과 욕망의 투쟁만이 난무할 수밖에 없는 것 아닌가?

이 질문에 구체적인 대답을 한 사람은 영국의 철학자 홉스(Thomas Hobbes)이다. 그는 마키아벨리가 이성을 부정하는 데 동의하면서 원초적 자연 상태(*primitive state of nature*)에서는 "만인에 대한 만인의 투쟁"(*everyone against everyone*)만이 있었다고 주장한다.++ 이 말은 문명

+ Niccolo Machiavelli, *The Prince and Discourses*(New York; Random House, 1950), pp.231~233.

++ Thomas Hobbes, *Leviathan*(New York: Macmillan Publishing Co., 1962), pp.99~100.

이전의 시대에는 인간 모두가 자기의 욕망실현만을 추구하였으니 당연히 욕망과 욕망의 갈등이 빚어낸 투쟁만이 있었다는 말이다. 이러한 자연 상태에서 인간은 일면 자기욕망을 발현하는 자유를 만끽할 수 있으나, 자기 욕망이 타인의 욕망과 충돌을 일으킬 때는 싸움이 생길 수밖에 없다. 다행히 나의 욕망이 타인의 욕망을 제압하면 좋겠지만 타인의 욕망에 의해 짓밟힐 때는 괴로움이 수반되며, 그 과정에서 양자가 죽음을 맛볼 수도 있다. 설령 자기가 육체적으로 아무리 강하다 해도 인간은 도구를 사용하는 동물이기 때문에 욕망을 빼앗긴 타인으로부터 언제라도 공격을 받을 수 있는 위험에 놓이게 된다. 따라서 인간은 원초적 자연 상태에서 누구나 할 것 없이 욕망의 충돌로 인해 언제 맞아 죽을지 모르는 "폭력적 죽음"(*violent death*)에 대한 공포를 느끼게 되며, 이로 인해 적어도 자기의 생명만은 보존해야 한다는 자기보존(*self preservation*)의 강력한 원초적 욕망이 발동될 수밖에 없게 된다.+

이러한 자기보존의 본능은 결국 자기의 생명보존을 위해 서로가 서로의 욕망을 일부 제한 받더라도 타협을 통하여 적어도 폭력적 죽음의

+ Laurence Berns, "Thomas Hobbes", *History of Political Philosophy*, edited by Leo Strauss & Joseph Cropsey(London and Chicago: Chicago University Press, 1987), p.402.

공포에서는 벗어나야 한다는 생각을 가져올 수 있다. 그런데 홉스에 따르면 인간은 비이성적 존재이기에 이러한 생각 자체만으로는 욕망의 충돌을 막기가 어렵다고 보고 있다. 따라서 그는 생명보존을 위해 '보이는 힘'(*visible power*)을 통한 엄격한 규제가 동시에 필요한데 이것이 바로 법이라고 말하고 있다. 다시 말하면 종교나 양심 같은 보이지 않은 힘(*invisible power*)에만 의존해서는 인간이 폭력적인 죽음의 공포로부터 벗어날 수 없다는 것이다. 즉, 서로의 자기보존본능이 동시에 조화되기 위해서는 외부적인 강력한 힘으로서 법이 필요하다는 말이다. 따라서 홉스는 문명이란 각자가 자기보존본능을 실현하기 위한 불가피한 결과로서 욕망의 충돌을 해결하여 줄 법을 창안함으로써 가능하게 되었다고 보고 있다. 따지고 보면 문명시대의 도덕도 욕망의 충돌로 빚어질 수 있는 죽음의 공포를 모면하기 위해 자기보존본능이 만들어 낸 사회적 약속이라고 말할 수 있는 것이다.

그렇다면 문명이야말로 우리를 폭력적 죽음의 공포로부터 벗어나게 하는 유일한 선택이 된다. 그런데 인간은 참으로 아이러니한 존재인가? 문제는 폭력적 죽음의 공포를 벗어나게 해주는 문명의 긍정적 역할에도 불구하고 인간은 결코 만족할 수 없는 없다는 점이다. 이는 바로 문명 속에서 법이나 도덕의 이름으로 행해지는 여러 가지 욕망들의 제한이다. 한마디로 홉스는 인간의 가장 본질적 본능인 자기보존의 욕구를 충족시키는 데만 초점을 맞추었기에 자기보존본능의 실현을 위한 여타 욕망의 제한 혹은 억압이 주는 고통을 심각하게 생각하지 않았다. 문명 속에서 억압받은 욕망으로 인한 슬픔 혹은 고통은 후일 독일 철학자 니체(Friedrich Nietzsche)에 의해 심각하게 지적되었던 것이다.

니체는 홉스의 뒤를 이어 이성이나 의식 같은 것은 인간의 단순한 표피일 뿐 육체 그 자체가 바로 자아(*ego or self*)이며 자아에는 오직 감성만이 존재한다고 역설하고 있다.+ 뿐만 아니라 선(good)과 악(*evil*)의 객관성을 부정하고 옳고 그름에 대한 마지막 판단은 오직 자신에 의해서만 결정되는 것이니 "나의 판단은 바로 나의 판단"(*my judgement is my judgement*)이라고 주장한다.++ 이러한 니체에게 홉스가 주장하는 보이는 힘은 생명보존이라는 명분으로 우리의 다른 욕망을 억압하는 도구가 될 수밖에 없다. 따라서 니체는 인간에게 자기보존은 매우 중요한 것이지만, 인간의 행복을 위해 더 중요한 것은 자신의 모든 욕망을 자

+ Werner Dannhauser, "Friedrich Nietzsche", *History of Political History*, p.844.

++ Friedrich Nietzsche, *Beyond Good and Evil*, translated by Walter Kaufmann(New York: Vintage Books, 1966), p.53.

유롭게 실현하는 자기실현(*self-realization*)이라고 강조하고 있다.+ 이는 문명이란 자기보존의 이름으로 여타 욕망의 실현을 방해하기 때문에 우리에게 최고의 만족을 가져다주는 자기실현을 저해한다는 점을 지적하는 것이다. 선과 악의 객관성이 부정되는 상태에서 문명이 덕 혹은 선(*virtue or good*)의 명분으로 자신의 희생을 강요할 때는 그 강요는 자신의 입장에서는 악이 되는 것이다. 때문에 니체는 문명 속에서 덕의 이름으로 희생된 수많은 사람들의 불만족을 지적하고, 행복이란 문명적인 현재의 논리에 차라리 "완전히 항복하나 억압된 욕망의 고통을 잊어버린" 상태라고까지 말하고 있다.++

마키아벨리, 홉스, 그리고 니체의 이론은 프로이트에 와서 심리학 혹은 정신분석학의 입장에서 다시 정교하게 설명된다. 그는 그의 명저 《문명과 그 불만족》(*civilization and its discontents*)에서 문명이란 폭력으로부터 인간을 보호하기 위해 인간관계를 규정해주는 것으로서 특

\+ Huntington Wright, *What Nietzsche Taught*(New York: B.W. Huebsche, 1917), p.178.

++ Friedrich Nietzsche, *Will to Power: The Complete Works of Friedrich Nietzsche, Vol. 14*, translated by Anthony M. Ludovici(New York: Russel and Russel, Inc., 1964), p.261.

히 인간의 성(性)적 관계 내지는 가족 간의 성적 규제가 그 특징이라고 말하고 있다.+ 그런데 문제는 인간의 행복이란 주관적인 것으로 자기 만족이 이루어짐을 의미한다면, 문명을 통한 인간관계의 규제는 우리의 또 다른 욕망을 억압하기에 우리에게 불만족을 가져다준다는 점이다. 따라서 프로이트는 폭력적 죽음의 공포만 없다면 인간은 문명 이전의 원초적 조건(*primitive condition*)에서 보다 만족감을 느낄 수도 있다고까지 말하고 있다.++ 이는 인간의 본능 자체가 기쁨을 찾으려는 데 그 핵심이 있기 때문에 문명 속에서 억압된 욕망은 문명에 대한 불만족을 야기한다는 것을 의미한다.

물론 프로이트가 문명의 부정적인 면만을 강조한 것은 아니다. 그는 인간은 사랑(*eros*)과 죽음(*thanatos*)이라는 두 개의 본능 중에 사랑이라는 본능의 힘으로 문명을 만들고 그 문명을 통해 각자의 생명을 보호받으면서 서로가 협조하는 사회를 이루어내는 문명의 긍정적인 면도 함께 지적하고 있음은 두말할 나위가 없다. 그러나 한편으로 문명의 억압

\+ Sigmund Freud, *Civilization and Its Discontents*, translated by James Strachey(New York: W.W. Norton & Company, 1961), pp.36, 37, and 42.

++ Ibid., p.33.

을 통한 불만족은 물론 죽음 혹은 파괴라는 본능이 문명에 대한 불만족을 그대로 수용치 못하고 문명에 도전하는, 그래서 때로는 기존 문명의 규제를 파괴하는 문명의 진행과정도 함께 지적한 것이다.+ 한마디로 프로이트는 인간 본능의 모순성과 그에 따른 문명 속에서의 감성적 갈등을 구체적으로 설명하려고 하였다.

결국 상기 이론들의 입장에서 보면 인간은 문명 속에서 자기 생명을 보존해가는 부분에 있어서는 만족을 느끼지만, 한편으로는 그 만족의 대가로 여타 수많은 감성을 억제해야 하는 슬픔도 동시에 맛보고 있음을 알 수 있다. 이것이야말로 문명의 양면성인 것이다. 또한 문명시대를 살아가는 인간 삶의 모순성이라고 할 수 있다.

+ Ibid., p.69.

문명의 억압과 무의식의 표출

정신분석학의 관점에서 보면 인간본능의 본질은 슬픔을 줄이고 기쁨을 확대하는 것이라고 해도 과언은 아니다. 이를 기쁨의 원리(*pleasure principle*)라고 말한다. 문명은 분명 생명보존을 통한 기쁨을 얻기 위한 인간욕망의 소산이다. 그러나 문명은 한편으로 생명보존의 대가로 다른 많은 욕망들을 억압한다. 따지고 보면 사랑도 문명이 정한 테두리를 벗어나면 비도덕적 혹은 법률위반이라는 형벌을 받게 된다. 죽이고 싶도록 미운 사람이 있어도 내 감정 그대로 그 사람을 죽일 수도 없다. 따라서 우리는 문명시대를 살면서 우리의 많은 감정들을 억제해야 하는 것이다. 그런데 문제는 이처럼 억제된 혹은 억압된 욕망(혹은 감성)은 문명의 긍정적 역할에도 불구하고 문명 속에서는 다 용해될 수는 없다는 점이다. 이처럼 문명 속에서 억압받고 용해되지 않은 감성들은 우리 무의식의 일부를 형성한다. 표현하고 싶지만 문명이 주는 형벌 때문에 스스로의 내면에 저장할 수밖에 없는 욕망(혹은 감성의 덩어리)이 바로 무의식 내에 잠재하게 된다는 말이다. 그리고 그 억압받은 감성의 덩어리는 우리에게 상처로 남아 끊임없이 우리를 슬프게 만드는 이유가 되기도 한다.

그렇다면 이처럼 문명 속에서 억압받은 감성들은 영원히 우리에게 슬픔으로만 존재해야 하는가? 여기에 대한 답은 인간이 기쁨의 원리에서 벗어나지 못하는 존재라는 것을 상기하면 간단해진다. 즉, 이러한 슬픔을 해소하고 문명 속에서 얻어진 상처를 치료하기 위한 또 다른 무의식적 노력도 동시에 진행될 수밖에 없다는 것이다. 왜냐하면 슬픔과 상처를 치료하지 않고는 도저히 행복해질 수 없기 때문이다. 이 무의식적 노력은 프로이트의 초기 이론에서 언급된 안정성 원리(*constancy theory*)로서 설명할 수도 있다.+ 이 이론의 핵심은 우리의 신체 내에 단백질이 부족하면 자동적으로 단백질이 들어있는 음식이 먹고 싶고 이를 통해 신체적 균형을 취하려는 본능이 있듯이, 우리의 마음도 상처를 입으면 그것에 대한 복수나 보상(*reparation*) 혹은 체념을 통해서라도 마음의 안정을 취하려는 본능적 움직임이 있다는 것이기 때문이다.

이처럼 슬픔을 없애고 상처를 치료하기 위한 무의식적 노력은 무의식의 양대 욕망을 분석함으로써 보다 명쾌히 규명될 수 있다. 양대 욕망이란 바로 초자아(*superego*)와 자아이상(*ego ideal*)이라는 요소이다.

+ Jay R. Greenberg and Stephen A. Mitchell, *Object Relations in Psychoanalytic Theory*(Cambridge and London: Harvard University Press, 1983), pp.25~28.

《자아이상》(*The Ego Ideal*)이라는 명저를 펴낸 프랑스의 대상관계이론가 샤스귀에르스미젤(Chasseguet-Smirgel)에 의하면 자아이상이란 기쁨추구의 원리에 의해 욕망이 원하는 대로 기쁨을 따르려는 무의식적 욕구이며, 초자아란 문명시대의 현실적 입장을 따르려는, 즉 현실의 원리(*reality principle*)를 따르려는 무의식적 욕망이라고 규정한다.+

국내에서 널리 읽혀온 홀(Calvin Hall)의 《프로이트 심리학의 핵심》(*A Prime of Freudian Psychology*)에 따르면 초자아는 두 개의 하위개념을 가졌는데 그중 하나가 자아이상으로 도덕적으로 좋다고 생각되는 바를 따르려는 욕망이며, 또 하나는 양심(*conscience*)으로 도덕적으로 나쁘다고 인정되는 바를 따르려 하지 않는 무의식적 반응이라고 설명한다.++ 그러나 이러한 홀의 설명은 그 뒤 대상관계이론가들로부터 잘못된 설명이라는 많은 비판을 받게 되었다. 예를 들면, 《아버지 없는 사회》(*Society without Father*)를 써서 널리 알려진 미처리히(Alexander

---

\+ Janine Chasseguet-Smirgel, "Some Thoughts on the Ego Ideal: A Contribution on the Study of the 'Illness of Ideality' ", *Psychoanalysis and Social Science*, *Vol*. 45(July 1976), pp.345~373. Janine Chasseguet-Smirgel, The Ego Ideal(New York: W. W. Norton & Co., 1975) 참고.

++ Calvin Hall, *A Prime of Freudian Psychology*(New York: The New American Library, 1954), pp.22~35.

Mitscherlich)도 초자아는 사회적 규제의 반응으로 나타난 무의식적 욕구이며, 자아이상은 자아의 만족을 향한 무의식적 욕망이라고 단호하게 말하고 있다.+ 따라서 대상관계이론에서는 초자아를 자아이상의 대칭 개념으로 이해하고 이를 무의식의 양대 감성적 요인으로 보는 것이다.

이러한 자아이상과 초자아가 벌이는 활동 양상에 대해서는 샤스귀에르스미젤이 매우 흥미로운 견해를 피력하고 있다. 그에 따르면, 자아이상이 상처를 치료하기 위하여 자기가 원하는 방향으로 가려고 하면 초자아가 현실의 입장을 고려하여 제동을 걸게 된다. 그런데 자아이상이 강하면 현실의 논리를 무시하고 마음대로 행동하게 되며 초자아가 강하면 현실을 인정하고 상처에 따른 복수 혹은 보상을 뒤로 미루게 된다는 것이다. 샤스귀에르스미젤은 이러한 현상을 자아이상이 발현되는 행태적 측면에서 "점진적인 길"(*evolutionary route*)과 "급진적인 길"(*shortest route*)로 설명하는데, 점진적인 길에서는 자아이상이 초자아의 억제를 받아들여 욕망 실현을 뒤로 미루면서 점진적으로 해결하려는 양상이며 급진적인 길에서는 자아이상이 초자아의 억제를 무시

+ Alexander Mitscherlich, *Society without Father*(New York: A Hellen and Kurt Wolff Book, Harcourt Brace & World, Inc., 1963), pp.126~127.

하고 당장 그 욕망을 실현하려는 양상이라고 설명하고 있다.+ 그런데 재미있는 것은 자아이상은 초자아를 완전히 제압할 수 있지만 초자아는 자아이상을 완전히 제어할 수는 없다는 점이다. 왜냐하면 자아이상이 더 본질적인 욕망이며, 초자아는 생존을 위해 문명의 규제를 따르려는 후천적 욕구이기 때문이다. 이런 논리로 보면 초자아는 잠시 동안은 현실의 논리에 따라 자아이상을 억제시킬 수 있지만 본질적으로 인간은 자아이상의 욕구를 충족시키기 위하여, 구체적으로 문명 속에서 받은 상처를 해소하기 위하여, 끊임없는 노력을 한다는 해석이 가능하다.

실로 자아이상은 현실의 논리를 무시하기 쉽기 때문에 초자아의 억제가 없는 표출은 문명사회에서는 비정상적인 혹은 퇴행적 행위로 분류될 수도 있다. 극단적으로 보면 '미침'이란 것도 현실의 논리가 작동되지 않는 상태라는 점에서 자아이상이 초자아를 완전히 삼켜버린 경우에 일어날 수 있는 것이라고 설명할 수 있다. 하지만 퇴행적이라는 것이 모두 반문명적일 수는 없다. 이는 지금의 현실에서는 받아들여질

+ Janine Chasseguet-Smirgel, "Some Thoughts on Ego Ideal: A Contribution on the Study of 'Illness of Ideality'" 참고. Yong Shin Kim, *The Ego Ideal, Ideology, and Hallucination*(London and New York: University Press of America, 1992), pp.50~60.

수 없지만 창조적 의미로 재해석되어 후일 새로운 현실을 만들어내는 길일 수도 있기 때문이다.[+] 다른 측면으로 설명하면 자아이상이 초자아를 제압하더라도 환상(*hallucination*)을 통한 만족의 성취나 보상에만 그 초점이 있다면 현실적 형벌은 피해갈 수 있다. 왜냐하면 환상 그 자체가 상상에 머무는 한 문명의 현실적 제약을 피해갈 수 있기 때문이다. 그리고 그 상상은 경우에 따라서는 현실의 문명 내에서도 (아니면 미래의 문명에서) 하나의 창조적 의미로 재해석될 수도 있다. 다만 그 환상을 통해 자아이상이 원하는 바가 진리라는 의미를 내포하고 있을 때는 현실의 위협에도 불구하고 진리 실현의 당위성 때문에 현실로 표출될 수밖에 없다. 이 경우 문명의 기존질서 유지세력에 의한 제약을 피할 수 없다고 할 수 있다. 물론 이러한 해석은 선(*good*)과 악(*evil*)에 대한 절대성을 부정하는 정신분석학적 입장에 근거한 설명이다.

+ Yong Shin Kim, *The Ego Ideal, Ideology, and Hallucination*, pp.159～163.

완전성 혹은 진리를 향한 욕망

문명 속에서 억압받은 욕망의 상처를 치유하기 위한 무의식적인 노력을 넘어서 인간의 보다 본질적인 무의식적 욕구는 인간의 비자족성을 해결하려는 완전성 혹은 진리추구의 욕망이라고 필자는 생각한다. 인간의 비자족성은 크게 세 가지 측면에서 논의될 수 있다. 첫째, 우리의 육체가 우리의 생각을 그대로 담아낼 수 없다는 점이다. 즉, 우리의 생각은 시간의 제약을 넘어서 한없이 전개될 수 있지만 우리의 육체는 절대적으로 시간의 제약을 받는다. 신은 모든 생명체에 생명을 부여하고 그 종족을 번식시킬 수 있는 기능을 부여하는 대신 아쉽게도 모든 생명체에게 죽을 수밖에 없는 운명을 주신 것이다. 살아있는 모든 것은 살아야하는 것이 가장 본질적인 본능이다. 그러나 영생할 수는 없으니 이것보다 슬픈 일이 어디에 있는가! 따지고 보면 고대철학에서 육체와 정신을 분리시켜 육체는 사라지더라도 정신은 영원하다는 논리는 인간 육체의 유한성이 주는 슬픔을 해소하려는 의도였는지도 모른다.

둘째로 인간의 성(*sex*)적 분리 또한 우리에게 많은 현실적 고통을 가져다준다. 만약 우리의 몸에 암수의 성적 기능이 함께 있다면 다른 성을 찾아 헤매는 어려움은 없었을 것이다. 오직 이 점만을 고려한다면 암수의 성기를 한 몸에 가지고 있으면서 체내 수정을 하는 달팽이에게는 적어도 인간이 가지는 성적 비자족성이 주는 고통은 없을 것이다. 이러한 성적인 비자족성은 종족번식의 본능과 성적 쾌락을 위한 욕망의 발현에 따른 수많은 슬픔과 상처를 인간에게 주기도 한다.

셋째로 인간의 비자족적 모순은 개인과 집단의 갈등에서도 존재한다. 인간은 누구나 자신의 자유를 만끽하려는 본능을 가지고 있다. 그러나 자기보존의 욕구에 따라 외부의 적에 대한 효과적 방어 및 기타의 필요를 위해 집단생활을 시작한 이후에는 집단을 위해 수많은 개인적 욕망을 억제시켜야 한다. 한마디로 인간은 홀로 있으면 자유롭지만 외부의 적에 대한 방어뿐 아니라 성적인 비자족성 때문에라도 혼자만은 살 수는 없다. 따라서 많은 사람들이 인간은 사회적 동물이라고 말하는 것이다. 그러나 여럿이 모이면 자기의 자유가 훼손되는 불만을 버릴 수가 없는 것이다. 그러니 혼자 있어도, 그렇다고 무리를 이루어도 우리의 불만은 언제나 남기 마련이다.

따지고 보면 육체의 유한성, 그리고 성적 분리라는 비자족성은 문명속에서의 불만족성과는 별도로 보다 원초적인 것이라고 할 수 있다. 다만 집단 내에서 개인과 개인 간의 갈등은 문명이 주는 불만족과도 일련의 연관성을 가질 수 있다. 그러나 문명 이전의 원초적 집단생활에서도 개인과 집단(혹은 집단 내에서 개인 간의 갈등)의 원천적 부조화는 존재하였을 것이기에 이 부분도 인간의 본질적 비자족성으로 말할 수 있다고 본다. 필자는 가끔 이러한 인간의 세 가지 본질적인 비자족성은 '인간의 원죄'가 아닌가라는 생각을 해보기도 한다.

그러나 이러한 비자족성에도 불구하고 인간은 자족성을 위하여 끊임없이 노력하는 본능을 가졌으니 이것은 우리가 갖게 되는 또 다른 모순인 것이다. 왜냐하면 이러한 현상은 현실적으로 풀릴 수 없는 문제를 풀려고 하는 구조이기 때문이다. 필자는 인간이 문명 속에서 억압받은 욕망의 상처를 치료하려는 욕구보다 어쩌면 더 본질적인 무의식적 욕구는 자신이 가진 불완전성 혹은 비자족성을 해소하려는 욕망이라고 생각한다. 더 정확히 말하면 문명 속에서 억압받은 상처를 치유하려는 욕구도 불완전성 해소를 위한 본질적 혹은 원초적 욕구의 한 부분이라고까지 말할 수 있다는 것이다. 이러한 욕구를 정신분석학에서는 원초적 자아도취의 완전성(*primary narcissistic perfection*)으로 회귀하려는 욕망이라고 말하고 있다. 따라서 이는 바로 앞서 설명한 자아이상의 본질인 것이다.

인간은 어머니 뱃속에 있을 때는 아무런 고통이 없다. 성적인 비자족성에서 오는 고통도, 현실로부터 오는 괴로움이나 두려움도, 그리고 죽음에 대한 공포도 없다. 그곳은 완전히 천국(*heaven*)인 것이다. 그런데 뱃속에서 나오는 순간부터 우리는 현실의 논리를 따라야 하는 숙제를 안게 되며, 점점 자라면서는 남녀의 구별로 인해 성적으로 비자족적이라는 사실도 알게 되고, 더 나아가서는 인간은 죽을 수밖에 없는 존재(*mortal being*)라는 사실도 깨닫게 된다. 이러한 비자족적 존재라는 사실이 인간에게는 가장 큰 본질적 고통 내지는 두려움을 주게 되는 것이니, 인간은 이를 해소하기 위하여 완전히 자족적이었던 어머니의 배속으로 다시 돌아가려는 욕구(*wish to return to the mother's womb*)에서 벗어날 수가 없다. 물론 이러한 욕구는 한 번 느낀 만족을 다시 느껴보려는(*to reestablish the original experience of satisfaction*) 인간 본능의 한 요소로서 프로이트의 소망이론(*wish model*)으로도 설명이 가능하다.+

풀 수 없는 문제라 하더라도 그것을 풀어 보려는 인간의 욕망은 그 모순적 입장에도 불구하고 인간에게 일면으로는 긍정적으로 작용한다 할 수 있다. 인간이 다른 동물과는 달리 이루어낸 모든 종교도 따지고 보면 영생하고 싶은 욕망, 성적 고통으로부터 벗어나려는 욕망, 그리고 집단생활에서 인간관계가 주는 어려움을 해소하려는 욕망이 만들어낸

+ Jay R. Greenberg and Stephen A. Mitchell, *The Object Relations in Psychoanalytic Theory*, p.29.

우리 나름의 방법일 수도 있다.+ 종교를 떠나서도 문명의 발달과 과학의 발달 등은 이러한 우리의 욕망이 가져온 긍정적인 부분임에는 틀림없다. 모든 학문도 실은 그 출발은 우리의 불완전성 혹은 비자족성의 실체를 이해하고 이를 풀기 위한 노력으로부터 출발되었다고 말해도 과언은 아니다. 실제로 인류는 과학의 발전을 통해 생명을 연장하고 많은 질병으로부터 해방되어가고 있음을 부정할 사람은 없다. 이러한 예는 얼마든지 더 있을 수 있다. 때문에 따지고 보면 완전성을 위한 욕망은 우리의 욕구를 일부나마 해결해가면서 인간 문명의 발전을 유도한 원동력이 되는 것이다. 앞서 언급한 바와 같이 프로이트는 이러한 현상을 사랑의 본능에 의한 결과라고 말하고 있다. 그런데 필자는 이러한 현상을 인간의 완전성 추구 욕망에 기인한 결과로서 설명할 수도 있다고 본다.

이러한 완전성을 위한 욕망은 상기와 같은 긍정적 힘도 있지만 또한 그 자체가 주는 부정적인 면도 함께 작동된다. 그 대표적인 예는 자신의 방법만이 우리의 모순구조를 해결할 수 있다는 환상 속에서 빚어지는 독단(*dogma*)성이다. 이는 자기의 해결책이 비자족성 해결을 위한 유

+ 이 주장은 기존 종교, 특히 기독교 입장에서는 크게 비판받을 수 있다.

일한 진리라는 믿음 때문에 빚어지는 현상을 의미한다. 이러한 현상은 앞서 설명한 대로 자아이상이 급진적인 길을 택하였을 때 야기되는 현상으로도 이해할 수 있다. 어느 면으로 인류역사는 니체의 주장대로 비자족성을 해결할 수 있다는 진리의 이름으로 수많은 사람들이 희생되어온 과정이라고 말해도 별 무리는 없을 것이다. 진리도 아닌 이념이 야기한 전쟁과 전체주의적 강요를 통한 수많은 사람들의 고통, 이 모두가 자기주장만이 옳다는 독단에서 빚어진 결과일 것이다. 그리고 진리도 아닌 환상의 주장들로 우리는 지금도 고통 받고 있는지도 모른다.

물론 지금도 우리 중의 일부는 진리의 존재를 확신하기에 그것을 찾으려고 한없는 노력을 하고 있다. 서양철학의 시발점을 제시한 플라톤은 감각의 세계보다는 더 완전한 세계의 존재를 상정하고 최고선(*good*)을 위한 본질적 원형인 이데아(*idea*)를 찾으면 우리의 고통은 다 사라진다고 말하고 있다.+ 뿐만 아니라 인간은 이성(*reason*)의 힘을 통해 이데아를 찾을 수 있는 순수 지식(*genuine knowledge*)을 얻을 수 있다고 주

+ Plato, *The Great Dialogues of Plato*, translated by W. H. D. Rouse(New York: Mentor Book, 1956), pp.312~341. Francis MacDonald Conford, eds., *The Republic of Plato*(Oxford: Oxford University Press, 1945), pp.227~235 참조. 김용신, 《성리학자 기대승 프로이트를 만나다》, pp. 23~25.

장하고 있다. 서양 고대철학의 또 하나의 거두인 아리스토텔레스도 이데아와 비슷한 에이도스(*eidos*)란 개념을 통하여 절대선의 존재를 주장하면서 인간은 그 절대선을 찾을 때 비로소 행복에 도달할 수 있다고 말하고 있다.+ 솔직히 이러한 주장은 지금도 많은 철학자들에게 유효한 의미로 받아들여지고도 있다.

그러나 마키아벨리와 홉스, 그리고 니체를 통한 이성의 부정과 감성 강조에 근거한 상대주의적(*relativism*) 철학의 입장에서 보면 조건 없는 진리는 존재하지 않는다고 말할 수 있다. 즉, 절대선도 이데아나 에이도스도 존재하지 않는다는 것이다. 더욱이 인간감성의 동적 양상을 인간 이해의 핵심으로 보는 정신분석학에서는 진리(혹은 완전성)는 환상을 통해서만 맛볼 수 있는 비현실적인 것이 되고 만다. 따라서 자신의 생각이 진리라는 주장은 하나의 환상에 불과하고 그 환상을 현실에 실행하려고 할 때는 자연히 퇴행적(*regressive*) 행동이 수반되기 쉽다는 것이다. 자기주장의 강요, 혹은 자기주장의 실천을 위한 타인의 억압, 그리고 이러한 과정에서 나타나는 수많은 비정상적 행위들이 퇴행성의 핵심을 이루는 것이다.

+ Curt Friedlein, *Geschichete der Philophie*(서양철학사), 강영계 번역(서광사, 1985), pp.77~79.

이러한 환상성에도 불구하고 진리 혹은 완전성 추구의 인간 본질적 욕구는 없어지지 않는다. 한마디로 인간은 상상의 능력을 이용하여 환상을 통해서라도 불완전성 혹은 비자족성을 나름대로 해결하려고 하는 본성을 가졌다는 것이다. 이 말은 완전성 추구의 욕구가 있는 한 환상의 작동도 함께 수반되는 것이라는 의미이다. 그래서 일본의 가시다 슈[岸田秀] 같은 정신분석학자는 모든 인간의 행동은 본질적으로 환상에 기초한다고까지 말하는 것이다.+

+ 가시다 슈, 《게으름뱅이의 정신분석》, 우주형 번역(깊은샘, 1995) 참고.

제 3 장

무의식의 표출과 예술의 본질

진리 혹은 완전성 추구로서 예술

고대철학은 진리를 발견하는 데 그 초점이 있었다고 해도 과언은 아니다. 그 진리의 핵심은 시간과 공간을 초월해서 존재하는 불변의 어떤 것을 포괄적으로 의미한다. 그런데 조금 세부적으로 들어가면 이 세상 모든 존재의 참의미까지도 그 진리의 범주에 들어간다고 할 수 있다. 참의미는 바로 불변의 내용이 될 것이기 때문이다. 이러한 참의미는 그 사물이 시공을 초월해서 가지고 있는 본성(본질적 성질)과도 연결된다. 그래서 고대 철학자들은 진리 규명의 차원에서 모든 사물의 본성 혹은 참모습이 무엇인가를 밝히려는 데 많은 노력을 했던 것이다. 한편으로 진리는 우리의 모든 의문을 해결할 수 있는 어떤 지고의 완전성을 의미하기도 한다. 진리 그 자체는 시공을 초월한 완전성과도 연결이 되기 때문이다. 고대 철학자들이 인간이 가지고 있는 불완전성의 해결을 위하여 생각과 논리를 전개했던 것도 따지고 보면 진리 규명이라는 큰 명제의 부속적인 작업으로 사물의 참모습(본성)을 찾고 그 완전성을 추구하려는 노력이었다고 할 수도 있다. 이러한 논리로 필자는 이 원고에서 진리와 완전성 혹은 참모습을 가끔 혼용하여 사용하고 있다.

인간이 추구하는 참모습과 완전성이 발견된다면 그것이야말로 정말 아름다운 일이다. 아름다움의 여러 의미 속에는 참모습의 발견 혹은 완전성의 달성이라는 개념이 포함되기 때문이다. 완전성 혹은 진리추구의 욕망은 자아이상의 본질이다. 그런데 자아이상을 기쁨추구의 욕망이라고 부른 이유는 완전성을 이루면 기쁨을 느끼기 때문이다. 그리고 기쁨은 바로 아름다움을 느낄 때 나타나는 현상이다. 따라서 고대 철학 연구의 핵심이 참모습과 완전성 추구에 있었다고 한다면 이는 바로 아름다움의 추구에 있다는 해석이 가능하다. 그리고 예술의 본질이 아름다움의 추구에 있다면 적어도 고대사회에 있어서 예술은 철학(혹은 인간 삶)의 핵심이었다고 해도 과언은 아니다. 아름다움의 추구는 이 세상의 구조(참모습)를 파악하는 기본 열쇠였으며, 이를 통해서 인간은 이 세상의 질서와 조화를 이해하게 된다고[+] 생각했기 때문이다.

고대 서양철학의 원조라고 볼 수 있는 플라톤에 대한 새로운 해석을 하는 신 플라톤적인 전통(*neoplatonic tradition*)의 입장에서 보더라도 "우주 속에서 지기의 입장이나 위치에 대하여 가지는 인간의 감각은 아름다움에 대한 자신의 판단에 근거한 것"[++]이라는 설명이 가능하다. 이

+ Fred Alford, *Melanie Klein & Critical Social Theory*, p.104.

++ Ibid., p.104에서 재인용. Albert Hofstadter and Richard Kuhns, eds., *Philosophy of Art and Beauty*(Chicago: Chicago University Press, Phoenix

설명도 아름다움이 참모습 혹은 완전성 추구를 통해 느끼는 감성이기 때문에 고대 철학에서 아름다움의 추구는 철학의 중심에 있었다는 것을 반영하는 것이라고 할 수 있다. 근대에 와서도 헤겔(G.W. Fredrich Hegel) 같은 철학자는 예술을 철학 혹은 종교와 같은 영역에서 이해함으로써 완전성을 향한 인간정신 표현의 한 방편으로 이해하고 있다.+

고대인들은 신전을 짓고 신에 대한 제사를 모셨다. 그리고 그 제사를 통해 우리의 소원을 들어줄 것을 간곡히 기도했다. 우리의 소원은 모두가 완전성을 향한 욕망의 소산들이다. 오래 혹은 영원히 살게 해주시고, 병을 낫게 해주시고, 비가 오게 해주시고… 등 우리의 힘으로 해결할 수 없는 일들을 바라는 것 자체가 바로 완전성을 향한 욕망의 표현이라는 말이다. 우리는 그 제사를 모시는 데 정성을 다해야함으로 우리가 할 수 있는 모든 일을 다 했다. 가장 좋다고 생각되는 옷을 입고, 크게 소리 지르고, 온몸을 움직여 기도를 했다. 그것만으로 부족하다고 느껴서 피리도 불고 북도 두들겼다. 이러한 동작들이 우리를 감동시킬 때 이것은 바로 음악이 되고 무용이 되는 것이다. 그리고 우리는 그 감

---

edition, 1976), p.240.

\+ 이진석, "헤겔의 예술개념", 미학대계 간행회 편 《미학의 역사》, 미학대계 제 1권(서울대학교출판부, 2007), p.399.

동 받은 일을 계속 남기고 싶은 욕망이 생겨서 그 사실을 글로 남기고 또 그림으로 묘사하려고 하였으니 그것이 바로 문학이고 미술인 것이다. 이렇게 보면 예술이란 일면 완전성 추구의 욕망으로부터 나타난 인간적 노력의 한 표현이라고 말할 수 있다.

고대 사회에 있어서 예술은 어떤 세부적인 작업이 아니라 우리가 추구하는 완전성을 위한 본질로서 존재했다. 영생을 위하여 신과 통하는 신전과 신상들을 세우는 일도 현대적 의미의 예술작품을 남기기 위하여 별도로 진행된 것이 아니라 진리와 완전성을 위한 작업이라는 데 핵심이 있었다는 말이다. 다만 후일 철학과는 별도의 입장에서 그 건축물과 조각상들이 우리를 감동시킴으로써 예술이라 말하게 된 것이다. 우리나라의 에밀레종도 당시 그 작가가 자기 아들을 그 쇠주물에 녹여버리게 된 것은 온 정성을 다하여 이 세상에서 가장 고귀한 완전한 소리를 만들기 위한 노력에 그 핵심이 있다. 고대 그리스의 신화들도 우리의 완전성을 위한 희망으로써 묘사된 것이다. 때문에 영원히 죽지 않는 신들이 등장하고 우리가 이 세상에서 이룰 수 없는 수많은 일들이 그 신화 속에서는 이루어지게 되는 것이다. 그리고 그것들은 지금도 문학의 이름으로 우리를 감동시키고 있다. 우리나라의 석굴암도 진리의 본체이신 석가모니의 참모습 혹은 그 본래의 성질을 표현하려는 노력이었다고 할 수 있다. 그리고 1,300여 년이 지난 오늘날에도 우리는 그 둔탁한 화강암에 묘사된 석굴암의 석가모니 상을 보면서 부처의 본질을 느끼고 감동하는 것이다.

사물의 본성 혹은 참모습, 그리고 완전성을 찾으려는 노력은 고대뿐만 아니라 근대에까지 지속되면서 우리의 일부를 감동시키고 있다. 조선시대 어느 화가가 눈에 보이는 것은 사물의 본질이 아닐 수도 있기에 그 본질적인 참모습을 묘사하기 위하여 차라리 자기의 눈을 스스로 멀게 했다는 이야기도 자연이나 어떤 사물 그리고 이 세상의 본질을 파악하려는 욕구의 결과라고 할 수 있다. 근대 서양의 남자 성악가들이 여자처럼 높은 음을 내기 위해 거세를 하였다는 이야기도 그 핵심은 보다 완전한 소리를 내기 위한 욕망에 기인한 것이다. 그리고 17~18세기 유럽의 고전주의(*classicism*)적 예술 경향도 일면 완전성 추구 욕망과 연관성을 가지고 있다. 고전주의란 말 그대로 고대 그리스철학에서 강조되는 이성 존중의 기초 위에 모든 사물과 현상의 보다 완전한 조화 내지는 균형, 혹은 보다 안정적이며 질서정연한 구조를 추구하는 사조라고 할 수 있기 때문이다.+ 이러한 고전주의 작가들은 자기들의 표현이

+ "고전주의", 두산백과사전, Encyber & Encyner.com(www.naver.com) 참조. "Classicism", Wikipedia, the free encyclopedia(www.google.com) 참

가장 안정적이라는 믿음을 가지고 있었기에 계몽적 경향까지를 가지게 되었고 표현에 대한 엄격한 형식을 강요하기에 이르기도 한다. 따지고 보면 19세기 낭만주의(*romantism*)는 실로 이러한 고전주의의 완전성을 위한 엄격한 형식의 강요에 대한 반발이라고도 할 수 있다. 따라서 낭만주의는 완전성을 결여한 추함(*ugly*)도 아름다움의 일면으로 이해하기까지 한 것이다.+

19세기 말 20세기 초 유행하였던 인상주의(*impressionism*) 미술도 넓은 의미로 보면 자연의 참모습(본래의 성질)을 찾으려는 노력의 소산이다. 왜냐하면 인상파 화가들은 자연을 하나의 색채현상으로 이해하고 그 색채를 나타내는 근본은 빛에 있다고 보았기에, 사물의 본질을 묘사하기 위해서는 시시각각 변하는 빛의 의미를 따라 자연을 묘사하는 것++이 자연의 본질을 규명하는 유효한 방법이라고 믿었다. 따라서 이들은 사물의 객관적 외형에는 별로 무게를 두지 않았던 것이다. 이처럼

조. 18세기에는 고대철학으로의 회기라는 명제로 Rousseau, Kant, Hegel 등의 철학자들이 Machiavelli와 Hobbes의 감성강조에 대한 반작용으로 이성, 완전성, 혹은 역사의 진리 등을 다시 강조하기도 하였다(김용신, 《성리학자 기대승 프로이트를 만나다》, pp.66~74 참조).

\+ 이진석, "헤겔의 예술개념", pp.407~410.

++ "인상주의미술", 두산백과사전 참조.

객관적 외형을 무시하였지만 우리는 지금도 인상파 화가들의 그림에서 빛을 통한 사물의 본질을 느끼고 그 표현에 감동할 수 있다. 또한 존재의 진리성을 강조하는 하이데거(Martin Heidegger)의 미학에서, 보이지 않지만 숨어있는 진리를 찾아서 정리하는 것이 "존재자"를 드러내는 일임으로 예술을 진리의 표현이라고 보는 것도+ 진리추구 욕망으로써의 예술의 입장을 설명한다.

그런데 이러한 사물의 본질규명 혹은 완전성 추구를 위한 우리의 욕망은 때로는 오히려 우리를 억압하는 경우도 있다. 그것은 바로 자기의 믿음만이 가장 완전한 것이며 진리라는 환상 때문이다. 고대 이집트인들이 미라를 만들고 피라미드를 세울 때는 그렇게 하는 것이 영생을 위한 유일한 방법이라고 믿었을 수 있다. 또한 어떤 성악가는 자기의 목소리가 이 세상에서 가장 아름다운 목소리라는 믿음을 갖게 될 수도 있다. 그리고 어느 화가나 조각가는 자기가 묘사한 사물이 바로 그 사물의 본질을 나타내는 참모습이라는 생각을 가질 수도 있다. 인간은 참모

+ 염재철, "니체, 하이데거, 가다머의 예술철학", 《미학의 역사》, pp.490~495. David Farrell Krell, ed., *Martin Heidegger: Basic Writings*(New York and London: Harper & Row, Publishers, 1977, pp.144~187(The Origin of the Work of Art) 참조.

습과 완전성을 찾으려는 욕구가 있기에 상기의 주장들을 믿는 사람들은 그들이 주장하는 진리와 참모습에 감동할 수도 있다. 그러나 그 방법이나 모습이 진리 혹은 참모습(혹은 본질)이 아니라고 생각되는 사람에게 그 표현을 강요하는 것은 억압이 되는 것이다. 예술에 있어서 이러한 경우의 대표적인 예는 사회주의적 사실주의(*socialist realism*)이다.

사회주의적 사실주의는 사회적 사실주의(*social realism*)와는 완전히 다른 개념이다. 사회적 사실주의란 사회적인 주제를 사실적으로 묘사하는 주의를 말하며, 사회주의적 사실주의란 예술의 근본적 목적은 사회주의(*socialism*) 혹은 공산주의(*communism*)의 목적과 일치되어야 한다는 의미이다.+ 주지하는 바와 같이 공산주의는 역사의 마지막 발전단계를 모든 사람들이 능력껏 일하고 필요한 만큼 얻게 되는 계급 없는 사회로 보고, 그 달성이야말로 진리를 찾는 길이라는 강력한 믿음을 가지는 정치철학적 개념이다. 이러한 믿음을 가지는 공산주의 하에서는 모든 인간의 지적 내지는 감성적 표현까지 공산주의가 추구하는 마지막 진리의 목표를 향해야 된다는 논리가 성립될 수 있다. 왜냐하면 고대 철학의 입장에서 보면 인간의 모든 행위는 진리를 향할 때만 행복으

+ "Socialist Realism", Wikipedia 참조.

로 연결되기 때문이다. 이러한 측면에서 소련 작가연맹(Union of Soviet Writers)은 "사회주의적 사실주의란 소련 문학과 문학비평의 기본 방법이다"라고 전제하고, "현실에 대한 예술적 표현의 진실과 역사적 구체성은 사회주의 정신 아래 노동자에 대한 이념적 전환과 교육의 임무에 대한 과업과 연결되어야 한다"+라고 선언하기도 하였다. 그런데 불행히도 공산주의의 믿음은 환상에 불과할 뿐 진리가 아니라는 것을 우리는 다 잘 알고 있다. 때문에 사회주의적 사실주의야말로 진리의 환상에 사로잡혀 많은 사람들을 진리의 이름으로 억압하는 퇴행성을 보일 수밖에 없는 것이다. 이것은 앞서 설명한 자아이상이 '급진적인 길'을 택하였을 때 나타나는 하나의 현상으로 설명될 수도 있다.

이러한 부작용에도 불구하고 예술의 의미에 있어서 완전성 추구의 욕구는 사라질 수가 없다. 왜냐하면 이것은 가장 자연스러운 인간행위의 근본 동기일 수도 있기 때문이다. 다만 이러한 욕구가 우리에게 감동을 주지 못하고 자신의 믿음에만 근거하여 강요될 때 이미 그것은 예술의 한계를 벗어난 권력의 압력이 될 뿐이라는 것이다. 그러나 인간의

+ Abram Tertz, *On Socialist Realism*(New York: Pantheon Books, 1960), p.24에서 재인용. George Lichtheim, *George Lukacs*((New York: The Viking Press, 1970), pp.101~112(Beyond Socialist Realism).

본능 속에 진리 혹은 완전성 추구의 욕망이 있는 한 우리는 끊임없이 완전성을 향한 노력을 하게 될 것이다. 또한 그것이 현실에서 불가능할 때는 환상을 통해서라도 그 꿈을 이루려 할 것이다. 단 그 희망사항이 환상일지라도 우리를 감동시키면 예술이 되는 것이다.

그러면 완전성과 참모습을 추구하는 욕구가 어떻게 표현될 때 우리는 감동하는가? 이 질문을 해결하기 위하여 수많은 사람들은 인간 감성의 본질을 밝히려고 노력하였다. 우선 그 감성의 본질이 무엇인가를 알아야 그 본질을 움직일 수 있는 방법도 찾아질 수 있기 때문이다. 그리고 시공을 초월하여 변치 않는 감성의 본질이 있다면 그것을 감동시키면 인간 모두를 감동시킬 수도 있을 것이기 때문이다. 이는 감동에 대한 완전성을 위한 방법일 수 있기에 결국은 인간의 완전성 추구의 욕망과도 연결되고 만다. 이런 의미에서 모든 사물의 본질적 성질은 아니더라도 적어도 인간의 본성을 찾으려는 노력은 이중적 의미로 예술의 작업과 연결된다. 더 자세히 말하면 인간의 본성을 밝히려는 요구 그 자체는 인간의 완전성 혹은 진리추구의 목적을 위한 욕망의 소산이기도 하지만, 더 나아가 만인에게 자신의 믿음에 대한 감동을 불러일으키는 방법을 찾는 열쇠가 될 수도 있다는 말이다. 따라서 표현하려는 세상과 사물의 본질, 그리고 인간이 추구하는 완전성에 대한 시공을 초월한 감동을 위하여 예술가들은 지금까지 다양한 상상의 나래를 펴서 인간 감성의 본질을 규명하려 하였다고도 할 수 있다. 그리고 그 규명에 근거한 표현에는 공감성이 있을 수도 있고 또 그렇지 못할 때도 있겠지만 인간의 완전성 추구를 위한 본질적 욕망 때문에 그 노력은 계속되는 것이다.

문명의 억압에 대한 보상적 행위로서 예술 : 초월성 혹은 승화

문명은 우리를 폭력적 죽음으로부터 구해주는 역할을 하지만 한편으로는 도덕이나 법의 이름으로 우리의 욕망을 억압한다는 이야기는 앞서 설명하였다. 그리고 그 억압받은 욕망은 우리의 무의식이 되어 언제나 우리를 슬프게 하는데 이러한 슬픔을 벗어나려는 욕망도 함께 존재한다는 설명도 하였다. 따라서 이번에는 그 억압받은 상처를 해소하거나 적어도 보상받으려는 욕구가 예술과는 어떤 연관성을 가지는지를 이야기하려고 한다.

춘향전이 쓰여진 시대의 조선은 엄격한 신분 사회였다. 신분이 다르면 혼인도 할 수 없었다. 때문에 성춘향과 이몽룡은 도저히 결혼할 수 없었던 것이다. 당시 현실에서 이 둘의 사랑은 불륜에 불과한 것이었다. 그러나 춘향전이라는 이야기 속에서 둘은 신분을 넘어서 사랑을 하고 결국은 성춘향이 과거 급제한 이몽룡의 아내가 된다. 문명이 신분을 정하고 사랑까지를 규제하는 일이야말로 우리에게는 한없는 슬픔이다. 그런데 현실에서 불가능한 일이 소설을 통하여서는 이루어질 수 있는 것이다. 따라서 우리는 이 춘향전을 읽고 그 슬픔을 대리적으로 해소시킬 수 있다. 아니면 적어도 그 슬픔에 대한 대리적 보상을 받을 수 있는 것이다.

심청이는 아버지의 눈을 뜨게 하기 위하여 공양미 삼백 석에 자기 몸을 팔아 인당수에 빠지고 만다. 이 얼마나 슬픈 현실인가! 그런데 옥황상제께서는 심청이의 이러한 효심에 감복하여 심청이에게 새 생명을 부여하고 연꽃과 함께 다시 이 세상으로 보내주신다. 그뿐만이 아니다. 심청이는 왕비가 되어 왕에게 맹인잔치를 열게 하여 아버지를 다시 볼 수 있었고 급기야는 아버지의 눈을 뜨게 만들었다. 이러한 일은 현실에서는 불가능한 일이다. 그러나 심 봉사 부녀의 슬픔은 어려운 현실 속에서 얻어진 우리의 상처와 연결되고 우리는 심청전이라는 소설을 통하여 우리의 슬픔을 대리적으로 해소하거나 보상받는 것이다.

우리 마음에는 스스로 우리의 슬픔을 해결하지 못할 때 적어도 어떤 전지전능한 영웅이 나와서 우리의 한을 풀어주기를 원하는 욕구가 있다. 때문에 예술의 이야기 속에는 수없는 화살과 총을 맞아도 죽지 않는 주인공이 있을 수 있다. 뿐만 아니라 그 주인공은 우리가 생각하는 악의 무리들을 통쾌히 처단하고 만다. 현실에서는 그렇게 많은 화살과 총탄을 맞고는 도저히 살 수 없다. 그리고 현실에서는 그 사악한 무리들이 그렇게 통쾌하게 처리되지 못하고 있다. 그러나 예술 속에서는 가능하다. 우리는 예술을 통해 어떤 역경에도 그것을 끝내 극복하고 악의 무리들을 통쾌히 처단하는 주인공을 보면서 우리의 현실적 고통과 한을 대리적으로 보상받을 수 있다.

문명이 우리의 성을 억압한다는 것은 앞서도 지적한 바 있다. 그런데 우리는 문명의 억압에도 불구하고 남자는 여체의 신비함을 알기 원하고 여자는 또 남자의 육체적 강인함을 원한다. 때문에 우리는 예술이라는 형식을 통해 나신을 표현할 수 있는 것이다. 문명 속에서 우리는 나체로 생활할 수 없다. 그러나 예술 속에서는 나체가 가능하다. 그리고 이러한 예술을 보고 우리는 감동 받는 것이다. 이 문제는 완전성을 추구한다는 점에서 가장 이상적인 여자와 남자의 육체를 묘사한다는 차원과는 별개의 문제일 수 있다. 즉, 완전성 여부를 떠나서 나신으로 있기 원하나 그렇지 못하는 문명적 억압에 따른 상처를 해소하고 혹은 보상받는다는 의미로서의 나신 표현도 가능하기 때문이다.

또한 문명 속에서 자연은 수많은 오염으로 고통 받고 있다. 그리고 그 자연의 고통은 고스란히 우리의 고통으로 연결된다. 우리는 이러한 고통으로부터 벗어나기를 원하고 그 희망사항은 예술의 형태로 나타날 수 있다. 그림이나 음악 또 영화나 무용, 그리고 문학의 장르로서도 이러한 우리의 희망은 다양하게 전개될 수 있는 것이다. 우리는 예술 속에 나타난 오염 없는 세상의 이미지, 소리, 그리고 동작들을 보고 들으면서 감동 받게 될 것이다. 그것은 바로 문명 속의 오염을 벗어나려고 하는 우리의 욕구 때문이다.

우리나라의 전통춤인 살풀이춤도 따지고 보면 문명에서 얻어진 우리의 한을 풀려는 무속적 전통에서 기인된 것이라고 할 수 있다. 우리는 우리 자신의 한을 문명 속에서 스스로 풀 수 없기에 신에게 빌어서라도 풀고 싶은 욕구를 갖고 있다. 그리고 그 신에게 비는 무당의 몸동작이 우리에게 감동을 주었기에 그것은 후일 무용이라는 예술의 양식으로 재편되어 우리의 한에 대한 보상적 의미를 부여해주는 것이다. 물론 살풀이춤이 병을 낫게 해주고 장수(영생)를 기원하는 것이라면 이는 문명의 억압에 대한 해소를 넘어선 보다 본질적인 완전성 추구의 욕구에 기인한 것이라고 할 수도 있다.

실제로 현실 내지는 문명에서 억압받은 우리의 욕구는 무의식이 되어 우리를 슬프게 하지만 한편으로 우리는 문명의 틀 속에서 예술이라는 형식을 통하여 그 억압을 해소해가며 억압을 통한 상처에 대한 보상을 받는 것이다. 만약 예술이라는 형식이 존재하지 않는다면 우리의 상처를 치료하고 싶은 욕구는 또 하나의 반문명적 퇴행성으로 나타날 수 있다. 우리의 상처가 현실에서 치료되지 못하면 우리는 그 상처 때문에 병들 수 있고 죽을 수도 있다. 그리고 그 상처를 치료하려는 욕구는 현실을 미워하는 방향으로 도착(*perversion*) 현상을 일으켜 엉뚱한 곳에서 어떤 형태의 범죄를 유발시킬 수도 있다. 모든 반사회적 혹은 반문명적 행위의 내면에는 문명 속에서 상처받은 욕구가 도사리고 있기 때문이라는 해석은 정신분석학의 기초적 지식이다. 이렇게 보면 예술은 문명 속에서 상처받은 자아를 치료하려는 욕구를 건전하게 유도하는 문명이 인정하는 하나의 출구라고 해도 과언은 아니다.

이처럼 문명적 현실을 초월하여 우리의 상처를 치료하거나 상처에 대한 보상적 만족을 얻게 되는 것을 소위 승화(*sublimation*)라고 말할 수 있다. 그리고 현실을 초월하고 있다는 측면에서 철학적 개념인 초월성(*transcendence*)이라는 용어로 설명할 수도 있다. 그렇다면 우리는 이러한 승화나 초월성을 통하여 우리의 상처를 모두 다 치료할 수 있는가라는 질문도 당연히 대두되게 된다. 이 질문의 답은 두 가지로 나올 수 있다. 승화의 가능성을 믿는 것이 그 하나일 것이고, 인간에게 완전한 승화는 불가능하다는 부정적인 답이 다른 하나일 것이기 때문이다. 정신분석학에서는 승화를 인정하는 이론들이 많이 존재한다. 예를 들면, 마르쿠제(Herbert Marcuse)는 유명한 그의 저서 《에로스와 문명》(*Eros and Civilization*)에서 "성적 사랑으로부터 에로스(정신적 사랑)에로의 전환"(*Transformation of Sexuality into Eros*)을 강조하는데+ 이것은 바로 우리 육체의 성적인 사랑이 순수한 정신적 사랑으로 승화되는 것을 인정하는 것이라고 할 수 있다. 그러나 인간의 억압받은 감성이 정말 한줌의 찌꺼기도 없이 모두 승화라는 이름으로 용해될 수 있는가라는 질문은 계속 제기될 수 있다. 다만 한 가지 분명한 것은 비록 그것이 부분적이더라 하더라도 우리의 억압받은 감성은 승화라는 이름으로 보상될 수 있다는 것은 사실이다. 우리는 스포츠나 예술을 통하여 우리의 억압받은 성적 혹은 기타 욕구들의 일부가 보상되고 있다는 사실을 체험하고 있기 때문이다. 자기가 직접 참여하지 않더라도 예술 속에서 적어도 대리만족은 느낄 수 있다는 것이다. 따라서 필자는 정신분석학에서 사

+ Herbert Marcuse, *Eros and Civilization*(Boston: Beacon Press, 1966), pp.197～221.

용되는 보상(*reparation*)이란 개념은 완전한 해소는 아니더라도 우리의 상처에 대한 부분적 치료 혹은 대리만족을 의미하는 것이라고 해석하고 있다.

따라서 수많은 예술가들은 문명 속에서 억압받은 우리의 감성을 예술이라는 형태 속에서 치료하려는 노력을 하는데 그 방법 중의 하나로 승화라는 길을 택하고 있다고 할 수 있다. 우리는 승화라는 방법 속에서 일부나마 만족감을 가질 수 있기 때문이다. 따라서 예술은 우리의 상처를 승화라는 방법을 통하여 보상해준다고도 할 수 있다. 현실에서는 불가능한 일들이 예술에서는 이루어질 수 있는 이유는 바로 여기에 있다. 구체적으로 우리는 예술을 통하여 우리가 현실에서 이룰 수 없는 일들을 이룰 수 있다. 그리고 바꾸어 말하면 현실에서 이룰 수 없는 일이더라도 우리가 감동할 수 있다면 그것은 예술이 되는 것이다. 니체의 미학에서는 이러한 의미를 아폴론(Apollon)적 예술이라고 한다.+

하지만 승화 혹은 초월성으로서의 예술이 갖는 한계도 분명히 존재한다. 그것은 알포드(Fred Alford)가 주장한 대로 "현실의 고통 아니면 현실 세계 속에 존재하는 기회(혹은 행운)를 생각지 못하는 위험성이 있

+ 염재철, "니체, 하이데거, 가다머의 예술철학", p.486.

으며", "모든 모순이 해결되는 이상(*ideal*)의 이름으로 현실의 부당함을 암시적으로 묵인하는 위험성이 있다는 것이다".+ 이러한 주장은 승화라는 이름으로 현실의 고통 그 자체가 무시되기 쉬우며, 한편으로는 현실 속에서도 얻어질 수 있는 행운 혹은 우리 상처의 치료적 (혹은 보상적) 기회까지도 무시하게 될 수 있다는 의미이다. 그리고 더 나아가 승화를 통해 우리의 상처를 보상받을 수 있다는 생각 아래 현실의 부당함을 그대로 허용하고 마는 결과를 초래할 수 있다는 것이다.

여기에 첨가하여 이상의 강조가 가져오는 승화의 한계는 다른 입장에서도 설명될 수 있다. 그것은 바로 승화의 이름으로 모든 문제를 다 해결할 수 있는 이상이 너무나 강조되면 현실성이 상실됨으로 감동의 정도가 약해질 수 있다는 사실이다. 즉, 현실 속에서는 절대 이루어질 수 없다고 믿는 일이 비록 예술의 형태 속에서일지라도 이루어진다면 이는 우리를 실질적으로 크게 감동시키지 못한다는 말이다. 인간의 감동이란 현실의 상처를 치료받거나 적어도 보상받아질 때 이루어진다고 보면 감동은 언제나 현실성을 가지고 있어야 한다. 왜냐하면 그 상처는 바로 현실에서 얻어진 것이기 때문이다. 한마디로 감동이 없으면

+ Fred Alford, *Melanie Klein & Critical Social Theory*, p.106.

예술로서의 참의미가 상실되고 만다. 따라서 결국은 승화의 형태를 취하더라도 예술은 항상 현실의 논리를 전혀 배제할 수는 없는 것이다. 이상만을 강조한 채 현실에서는 전혀 불가능한 이야기의 전개는 그저 희망사항에 그치고 만다. 이러한 현상 역시 자아이상이 현실의 논리를 무시하고 택하는 '급진적인 길'에서 야기되는 것이기도 하다.

물론 공상(*illusion*)이나 환상을 통한 희망사항도 우리의 믿음의 체계(추상적일지라도)와 연결될 때는 우리를 위안하는 힘이 되는 것은 사실이다. 인당수에 빠진 심청이가 다시 살아나는 것은 바로 이러한 대표적인 예이다. 왜냐하면 우리에게는 환생이라는 전통적인 믿음의 체계가 있기 때문이다. 그러나 믿음의 체계마저 벗어나서 너무나 비현실적인 이상에만 치우친 승화 혹은 초월성에 기초한 내용은 현실에 몸담고 있는 우리를 크게 설득시키지 못하고 그냥 단순한 망상(*delusion*)으로 이해될 수 있는 것이다. 이것이 바로 예술이 승화를 통한 우리 상처의 보상에 초점을 맞추더라도 현실과 환상 사이를 교묘하게 줄타기할 수밖에 없는 하나의 이유이기도 할 것이다.

현실표현으로서 예술 : 사실주의와 내재성

현실 표현으로서 예술의 의미는 두 가지 측면에서 논의될 수 있다. 그 하나는 현실의 아름다움, 혹은 현실 자체를 있는 그대로 표현함으로써 우리를 감동시키려는 노력이다. 그리고 다른 하나는 현실의 고통일지라도 그것을 차라리 사랑함으로써 우리를 감동시키려는 작업으로서 예술의 의미이다.

현실은 우리에게 항상 고통으로만 다가오는 것은 아니다. 우리는 현실 속에서도 아름다운 자연을 느낄 수 있고 아름다운 인간의 정을 느낄 수 있기 때문이다. 우리는 이러한 현실의 아름다움을 볼 때 당연히 감동 받는다. 그리고 그것을 그대로 표현하고 싶은 욕망이 생기게 되는 것이다. 따라서 예술은 현실의 아름다운 모습을 그대로 표현함으로서 우리를 감동시키기도 한다. 물론 이러한 생각은 절대자인 신을 부정하고 우리가 경험하는 것 속에서 삶의 참의미를 찾으려는 인간 중심적 사고와 함께 확대되었다고 할 수 있다.

고대 예술에 있어서 사실을 묘사한다는 것은 보다 완전한 형상의 참 모습, 즉 진실을 찾으려는 것을 의미하기도 한다. 그러나 19세기에 나타난 사실주의(*realism*)란 우리가 경험하는 현실의 아름다운 모습을 그대로 표현함으로서 우리를 감동시키려는 데 그 핵심이 있었다고 할 수 있다. 따라서 상상이 아닌 우리가 흔히 일상생활에서 볼 수 있는 다양한 삶의 모습이 예술의 내용으로 사용되고 있다. 그리고 이러한 현실적 내용은 우리가 바로 체험하는 현실 속의 문제들이기 때문에 그 감동의 폭도 넓어질 수 있는 것이다. 18세기 조선의 김홍도 그림이 당시 서민의 생활에서 흔히 볼 수 있는 풍속 혹은 민속적 내용을 담은 것도 따지고 보면 그 이전의 동양적 그림이 상상에 기초한 비현실적이라는 것에 대한 반동 작용으로 우리의 현실 그 자체 속에서 아름다움을 찾으려는 노력의 일환이었다고 할 수 있다. 이러한 18세기 조선조 미술의 경향은 우리민족의 자긍심을 고취하자는 문화운동의 일환으로 설명되기도 한다. 그런데 더 본질적인 면에서 보면 상상에 근거한 비현실적인 것에서 아름다움을 찾을 것이 아니라 우리가 살고 있는 이 현실을 사랑함으로서 그 속에서 아름다움을 찾으려는 움직임이었다고 말할 수 있는 것이다.

19세기 사실주의 화가였던 쿠르베(Gustave Courbet)는 그의 제자에게 "천사를 본 적이 있는가, 그대 아버지를 보고 그려라"+라고 말한 것

+ "사실주의", 두산백과사전 참조.

은 바로 현실 속에서 아름다움을 찾으려는 노력을 대변하는 말이라 할 수 있다. 실제로 19세기 사실주의 문학이 주로 현실적인 이야기를 연대기적으로 표현하였다는 사실은 우리가 잘 아는 바인데 이것도 바로 현실의 사실성을 강조하기 위한 하나의 방편이라고 할 수도 있다. 물론 사실을 그대로 표현한다 하더라도 그 의미는 각자의 입장에서 다르게 인식될 수 있다는 철학적 질문은 당연히 제기될 수 있다. 이러한 문제가 사실주의 예술이 가지는 한계일 수도 있다. 그러나 이 문제를 떠나서 사실을 강조한다는 것은 현실 그 자체 속에서 아름다움을 느끼려는 인간의 요구를 반영하는 것임은 틀림없다.

예술에 있어서 현실을 그대로 표현하려는 사조가 "가능적 경험의 한계에서만 성립되는 대상의 실재성"+이라는 칸트(Immanuel Kant)철학의 인식론적 입장에 있는 것이라고 한다면 이는 철학의 초월성에 대칭이 되는 내재성(*Immanence*)의 의미와 연결된다. 이것은 현실의 아름다움만 찬양되는 것이 아니고 현실의 고통 그 자체도 찬양될 수 있다는 예술의 표현과도 깊은 연관성을 가지고 있다. 왜냐하면 우리가 초월적 존재가 아닌 이상 모든 실체는 현실에 내재되어 있기 때문에 모든 문제

+ "내재"(*immanence*), 두산백과사전 참조.

도 현실 내에서 해결할 수밖에 없다는 논리가 성립되기 때문이다. 니체의 예술철학에서는 이를 디오니소스(Dionysos)적 예술이라고 한다.+

이러한 예술적 입장은 앞서 설명한 프로이트의 안전성 원리로 설명될 수도 있다. 우리는 우리의 감성적 안정을 위하여 상처받은 감성을 치료하려는 본질적 욕망이 있다는 점은 앞서 지적하였다. 그런데 그 상처를 해소하는 방법은 크게 두 가지 방향이 있을 수 있다. 그 하나는 앞서 지적한 초월 혹은 승화를 통한 방법이다. 그런데 인간은 때로는 초월이나 승화의 방법이 아닌 나의 현실 자체를 실체로 인정하고 사랑해버림으로서 그 현실 속에서 위안을 삼으려는 욕구가 있을 수 있는 것이다. 즉, 그 현실적 슬픔 자체를 인간의 한계로 느끼고 그 속에서 아름다움을 느끼려는 욕구이다. 그렇게라도 하지 않으면 마음이 안정되지 않기 때문이다. 이 논리 역시 앞서 설명한 자아이상이 현실의 논리를 받아들이는 "점진적인 길"에서 야기될 수 있는 하나의 현상으로도 설명이 가능하다.

또한 이는 사랑의 대상이 없을 때 사랑의 욕망이 차라리 자기 내부로 향하게 되는 자아도취적(*narcissistic*) 욕구로도 설명이 가능하다. 정신

\+ 염재철, "니체, 하이데거, 가다머의 예술철학", p.467.

분석학에 있어서 이러한 자아도취적 욕구는 원초적일 수도 있다. 이것을 "원초적 자아도취"(*primary narcissism*)라고 하는데, 이러한 현상은 도착적 행태가 아니고 어린아이가 성적 발전과정에서 처음 겪게 되는 과정으로 사랑의 욕구가 자기 자신으로 향하는 것을 말한다.+ 따라서 인간에게는 누구나 이러한 자아도취적 욕구가 원초적으로 있는데 이러한 욕구가 바로 현실의 슬픔을 그대로 인정하고 그것을 차라리 사랑함으로서 마음의 안정을 취하려는 욕구와 연결되고 있다는 것이다.

우리는 많은 비극에서 주인공의 죽음을 본다. 승화적 표현에 있어서 주인공은 죽지 않고 죽더라도 다시 살아나는 경우가 많다. 그러나 현실의 슬픔을 그대로 표현하는 내재적 의미의 예술에 있어서 주인공은 죽을 수도 있다. 그런데 우리는 주인공의 죽음을 보면서 왜 감동하는가? 그것은 바로 우리의 무력함을 현실적으로 인정하면서 그러한 비자족성을 차라리 사랑할 수밖에 없는 감성 때문이다. 그렇지 않으면 냉엄한 현실에서 나의 감성이 안정을 취하지 못하기 때문이다.

우리는 현실의 고통이나 슬픔을 보고 한없는 눈물을 흘리게 된다. 그 현실의 슬픔이 자신의 처지와 연결되어 슬픔을 유발함으로서 울음

\+ Fred Alford, *Narcissism*(New Haven and London: Yale University Press), 1988, p.25.

을 자아내게 하기 때문이다. 그리고 한참 울다보면 마음이 조금은 맑아지는 것을 느낀다. 이것을 정신분석학에서는 배설 혹은 정화(*catharsis*, *katharsis*, *purgation*)라고 한다. 우리의 감정 그대로를 배설하면 우리의 감성이 일면 정화되어 그 울분이 가라앉고 잠시일지라도 "평화와 만족감을 주기"+ 때문이다.

예술 속에서 우리는 현실의 고통을 현실보다 더 실감나게 느낄 수 있다. 사랑하는 사람을 영 못 만날 수도 있으며, 우리가 악이라고 믿는 일이 선이라고 믿는 일을 제압하기도 한다. 이러한 예술 속에서 우리는 그 고통과 억울함에 울분을 토하고 그것을 시원히 해결하지 못하는 우리의 한계를 느끼면서 눈물을 흘린다. 또한 우리의 고통 그 자체를 형상화하는 조각이나 무용의 동작에서도 우리는 슬픔을 느끼며 거기에 나의 처지를 대입하여 감동 받는다. 살풀이춤의 마지막 결론은 승화에 있다 하더라도 초반부 우리의 한이나 고통을 묘사하는 동작은 바로 슬픔을 통한 감동을 불러일으키는 것이다. 우리 고유의 판소리도 그 음의 본질은 바로 한의 표출이며 그 한에 대한 우리자신의 공감 때문에 다시

+ Fred Alford, *Melanie Klein & Critical Social Theory*, p.109. 김현, "아리스토텔레스 《시학》의 개념에 기초한 인간 행동 세계의 시적 통찰과 창작의 원리", 《미학의 역사》, pp.101～107.

그 슬픔의 음에 감동하는 것이다. 이렇게 보면 모든 비극은 우리에게 슬픔의 배설을 통한 마음의 정화를 가져오게 함으로서 우리를 감동시키는 것이라고 말할 수 있다.

이러한 내재성을 인정하는 예술의 입장에서는 추함도 그것이 현실이라면 아름다울 수 있다는 해석을 하기도 한다. 그 논리는 바로 진실은 아름다운 것이라는 철학적 명제와 연결되기도 한다. 현실에서 추한 것이 있다면 그것은 바로 현실에 존재하는 것이기 때문에 사실일 수밖에 없다. 그 사실은 바로 진실이다. 따라서 그 추함은 아름다움으로 인정될 수 있다는 것이다.+ 이러한 논리는 진리추구의 욕망에 근거한 것이라고도 해석할 수 있다. 그러나 한편으로는 사실 그 자체를 인정하고 그 속에서 우리자신의 문제를 해결하려는 실존철학의 입장에서 설명될 수도 있다.

실존주의(*existentialism*) 문학의 길을 개척한 도스토예프스키(Fyodor Dostoevsky)의 소설 《카라마조프의 형제들》(*The Brothers Karamazov*)은 이러한 내재성을 잘 대변해 주고 있다. 그는 그 소설 중 "대 심판관"(*the grand inquisitor*)이라는 장에서 우리를 구원해주려고 재림한 예수를 비

+ Fred Alford, *Melanie Klein & Critical Social Theory*, p.123.

판하고 예수 없이도 현실적으로 현재의 성직자가 기독교의 일을 잘하고 있다는 의미의 내용을 묘사함으로서 예수의 재림이라는 미래적 소원보다 현실에서의 식량과 구원의 의미가 더 중요함을 실감나게 지적하고 있는 것이다.+ 이러한 도스토예프스키의 세상을 보는 눈은 바로 우리의 현실을 인정하고 그 현실적 존재로서 현실에 대한 책임도 동시에 가져야 한다는 사르트르(Jean-Paul Sartre)의 실존주의 철학과도 깊은 연관성을 가지고 있다.++

물론 내재성에 기인한 예술 작업에 대해서도 그 한계는 지적될 수 있다. 그 핵심은 현실을 그대로 받아들인다는 점이다. 구체적으로 말하면 "현실적 고통이나 무질서 그리고 혼돈(*chaos*)의 너머에 존재할 수도 있는 그 무엇을 보지 못하기 쉬우며", 또한 "현실의 문제를 해결하려는 대안 없이 현실의 세상 그 자체를 그대로 구체화(*reifying*)하기 쉽다"+++

\+ Fyodor Dostoevsky, *The Grand Inquisitor*(New York: Frederick Ungar Publishing Co., 1968), p. x(introduction by Anne Fremantle) ; D. H. Lawrence, "Preface to Dostoevsky's The Grand Inquisitor", *Dostoevsky*, edited by Rene Wellek(Englewood, NJ: Prentice-Hall, Inc., 1962), pp. 90~97.

++ Jean-Paul Sartre, *Existentialism and Human Emotions*(New York: The Wilson Library, 1957), p.16.

는 것이다. 그런데 이러한 비판은 예술의 임무가 꼭 현실의 문제를 해결하는 대안을 제시해야 하는가라는 질문을 야기하며 여러 측면에서 철학적 논쟁을 유발할 수 있다. 다만 여기에서 지적하고 싶은 것은 현실 그 자체를 인정하는 것이 우리를 감동시키는 유일한 길은 아니라는 것을 지적할 뿐이다. 왜냐하면 우리는 현실적 고통이나 무질서 그리고 혼돈의 너머에 우리의 환상을 통해서라도 느낄 수 있는 또 다른 가상의 세계를 상상할 수 있고, 그 상상 속에서 우리의 고통을 해소하는 예술적 감동이 존재할 수 있기 때문이다. 그러나 분명한 것은 내재성에 기인한 예술은 그 한계에도 불구하고 승화를 지향하는 예술과 함께 문명 속에서 우리의 상처받은 감성을 정화시키는 보상적 의미의 한 형태인 것만은 부인할 수 없다.

+++ Fred Alford, *Melanie Klein & Critical Social Theory*, p.106.

제 4 장

예술적 창조정신과 감동의 재현

예술적 상상과 창조정신

지금까지 인간의 완전성을 위한 욕구와 문명 속에서 억압받은 감성의 치유적 의미로 초월성과 내재성에 기인된 감성의 표출로서 예술의 의미를 요약하여 보았다. 그런데 이러한 모든 작업은 결국은 인간의 상상력 혹은 창조적 정신에 기인한 것이다. 따라서 여기에서는 별도로 인간의 상상력과 창조정신에 기반을 둔 예술의 특성을 보다 구체적으로 설명하려 한다.

정신분석학의 새로운 흐름인 대상관계이론의 주도적 역할을 한 영국의 클라인(Melanie Klein)의 입장에 근거하여 미에 대한 정신분석적 해석을 한 세갈(Hanna Segal)은 "새로운 세상을 창조하는 것으로서 예술가의 임무"(*the task of the artist as the creation of a world*)[+]를 강조하고 있다. 특히 그는 한 번 사랑했던 것 그러나 지금은 잃어버린 것의 복구를 위한 창조를 강조하는데 이것은 다분히 인간의 완전성 추구 욕망에

+ Fred Alford, *Melanie Klein & Critical Social Theory*, p.111 에서 재인용. Hanna Segal, "A Psycho-Analytical Approach to Aesthetics", *New Directions in Psychoanalysis*, edited by M. Klein, P. Heimann, and R. Money-Kyrle(London: Tavistock, 1955), 참고.

기인된 창조정신이라고 말할 수 있다. 또한 하이데거가 주장하는 예술적 창조를 통한 숨어있는 진리의 들어냄이라는 것도[+] 진리추구 욕망에 기인한 창조정신이라고 할 수 있다. 실제로 인간이 아무리 완전성을 추구하고 또 문명 속에서 상처받은 자아를 치료하려는 욕구가 있더라도 창조적 정신이 없다면 불가할 것이다. 그리고 그 창조정신은 인간의 상상력에 기초한다고 할 때 인간은 상상할 수 있는 능력으로 인해 우리의 욕구를 충족해가는 것이라고까지 말할 수 있다. 이러한 상상력은 예술가에게 먼저 요구되는 것이지만 감상자도 예술가의 상상적 표현이 그들의 잠재적 상상력에 공감을 줄 때 감동 받게 되는 것이다.

상상력은 주로 인간의 완전성 추구와 문명 속에서 억압받은 자아를 치유하는 방편으로 승화적 방법에 그 진가를 보여주고 있다. 그러나 승화가 아니더라도 우리가 직면한 현실의 문제를 푸는 대안으로서 상상력이 동원되는 예도 얼마든지 있다. 예를 들면 16세기 초 영국의 모어(Thomas More)가 쓴 《유토피아》(*Utopia*) 속에서 모든 노예가 차고 있는 족쇄가 다 금으로 만들어졌다는 내용이나 사유재산이 허락되지 않는 사회의 묘사는[++] 현실의 문제를 상상력으로 풀어보려는 시도였다고

+ Fred Alford, *Melanie Klein & Critical Social Theory*, p.104.

++ Thomas More, *Utopia*, translated and edited by H.V.S. Ogden(Arlington

할 수 있다. 이는 우리에게 황금이나 사유재산의 존재에서 비롯된 현실의 문제를 해결하는 새로운 대안을 모색케 하기 때문이다. 결국 이러한 상상력은 후일 사적 소유가 가져오는 사회적 불평등을 해소하고 새로운 평등사회를 건설한다는 명분으로 형성된 공산주의 이념의 기초가 되었다는 것은 우리가 다 잘 아는 바이다. 따라서 이러한 상상력은 그 실현의 유효성 여부를 떠나 우리에게 새로운 현실을 창조하는 기초를 제공해준다는 것이다.

이와 같은 논리로 보면 현재 상상되는 많은 예술작품들이 새로운 미래를 예측하는 기능도 하고 있다고 할 수 있다. 그 대표적인 예는 환경문제에 대한 우리의 상상이다. 소위 몇 십 년 후 인류는 물 부족으로 인해 한없는 고통을 받으리라는 예측 아래 수많은 미래사회에 대한 상상이 가능하고 이러한 상상이 예술적 형태를 띠게 될 때 우리는 감동한다. 모두가 현실의 고통을 벗어나서 새로운 평화의 세상을 바라고 있기 때문이다. 혹은 지금보다 더 무서운 미래의 상상이 표현된다 하더라도 우리는 그 공포에 스스로 감동할 수 있다. 감동이란 좋은 일뿐 아니라 나쁜 일 혹은 슬픈 일에도 나타나는 현상이기 때문이다.

Heights, IL: AHM Publishing Corporation, 1949), pp.35, 43~45.

현실적 문제를 푸는 대안의 차원을 떠나서도 상상은 그 자체로서도 인간에게 즐거움을 줄 수 있다. 왜냐하면 인간은 항상 새로운 것에 대한 관심을 본질적으로 가지고 있을 뿐 아니라 우리가 알지 못하는 그 무엇에 대한 호기심이 있기 때문이다. 이러한 경우는 20세기 초에 나타난 초현실주의(*surrealism*)를 예로 들 수 있다. 초현실주의 예술은 인간의 상상력에 기인한 창조정신을 높이 평가한다는 데에서 출발된 것이라고 할 수 있다. 주지하는 바와 같이, 초현실주의자들은 "경험의 의식적인 영역과 무의식적인 영역을 완전히 결합"+시키려고 하였는데 이는 바로 인간 무의식을 창조정신의 원천으로 이해하고 이것을 의식의 세계로 끄집어내서 현실(의식의 세계)에서의 공감적 요소를 찾는다는 것을 의미한다. 따라서 이들은 꿈의 세계를 형상화하고 그 속에서 어떤 감동적인 모습을 발견하려고 했던 것이다. 이러한 노력들은 후일 추상주의(*abstractionism*)와도 연결성을 가지게 되었다. 추상화도 따지고 보면 우리의 상상력을 현실의 화면에 올려놓고 상상이 가져다주는 감동을 느끼자는 것이다.

입체파(*cubism*)로서 피카소(Pablo Ruiz Picasso)의 표현도 따지고 보

+ "초현실주의", 엠파스백과사전(www.google.co.kr) 참조.

면 2차원의 화면에 3차원의 물체를 표현하는 데 있어서 전통적인 기법을 떠나 대상을 시각적으로 "분해하여 여러 측면을 동시에 묘사함으로써 사실성에 대한 새로운 시각을 제시"+한 것인데 이야말로 상상력에 기초한 것이라고 할 수 있다. 물론 초현실주의에는 새로운 현실의 창조와 함께 승화적 요소도 있으며, 입체파에서는 사실에 대한 새로운 면모를 찾으려고 한 진리추구 욕망을 발견할 수도 있다. 그러나 여기에서 강조하는 것은 진리추구나 현실의 고통을 해소하려는 모든 예술작업은 상상력에 기초하고 있음은 말할 것도 없지만, 단순히 미지의 세계에 대한 호기심에 근거한 상상력도 우리를 공감시키기에 충분함으로 예술적 의미가 있다는 점을 지적하려는 것이다. 1970년대 우리나라 백남준 등을 중심으로 일어난 비디오 예술(*video art*)도 상상력을 동원하여 우리가 전혀 예상하지 못한 "기술(*technology*)의 예술적 가능성"++을 보여줌으로써 예술의 새로운 장르를 창출한 것이니 이 역시 예술에 있어서 상상력의 중요성을 단적으로 설명해주는 것이다.

따지고 보면 예술이 취하는 독특한 여러 표현기법들도 결국은 우리의 상상력에서 기인된 창조정신의 결과이다. 이 부분의 설명을 위해서

\+ "입체파", Encyclopaedia Britannica(www.google.co.kr) 참조.

++ "비디오아트", 두산백과사전 참조.

는 20세기 초 러시아의 형식주의(*Russian formalism*)를 좋은 예로 들 수 있다. 이는 말 그대로 예술의 기교나 방법 등에 어떤 형식을 강조한다는 의미를 가지고 있다. 그런데 여기에서는 러시아 형식주의의 내용을 자세히 설명하기보다는 그들이 내세우는 주장 중의 하나인 특별한 개념을 통해 상상이 가져다주는 미적 의미(혹은 효과)만을 거론하려고 한다. 그것은 바로 "낯설게 하기"(*defamiliazation, to make strange, or alienation effect*)라는 개념인데 우선 형식에 있어서 낯선 언어나 동작 혹은 은율을 택하는 것이 인간의 호기심을 유발하여 감동지수를 높일 수 있다는 것을 의미한다.+ 이는 바로 평범한 방법보다는 상상력을 동원하여 보다 심미적인 형태를 창조해야 한다는 예술표현 기법에 관한 것이다. 그러나 그 본질은 인간은 호기심을 가졌기 때문에 그것을 충족시키기 위해서는 다양한 상상력을 동원하여 평범을 벗어난 창조적 표현을 해야 한다는 것을 의미한다.

문학작품의 언어들이 평범하지 않다든지 무용의 스텝이나 동작이 평범하지 않다는 사실은 바로 예술적 기법이 '낯섦'을 택하고 있음을 단적으로 말해준다. 그리고 그 낯섦이야말로 상상에 근거한 것이고, 상상

+ "러시아 형식주의"(www.google.co.kr) 참조.

력은 호기심 불러일으켜 우리를 감동시키는 하나의 요인으로 작용하는 것이다. 따라서 상상력이야말로 창조정신의 핵심이며, 그 창조정신을 통해 우리는 새로운 현실을 만나고 우리의 상처를 치유하며, 혹은 그 자체의 표현에 따른 감동만으로도 아름다움을 느끼게 된다.

감동의 재현에 대한 예술적 의미

앞서 설명한 바와 같이 인간에게는 원초적 자아도취로 돌아가려는 욕망이 있다. 이는 다른 말로 하면 한 번 느낀 기쁨 다시 찾으려는 본능적 욕구라고 할 수 있다. 인간은 어머니 뱃속에서 원초적 자아도취를 느꼈기 때문에 그 고통이 없는 완전성의 상태로 돌아가려는 것이기 때문이다. 다른 말로 인간은 중독성 동물이라고까지 할 수 있다. 한 번 느낀 쾌락을 계속 찾으려는 욕망에 중독되기 때문이다. 이러한 욕구 때문에 우리는 과거에 우리를 감동시켰던 예술에 대해서도 향수를 느끼는 것이며 그 재현(혹은 모방)을 시도하게 되는 것이다. 비록 내가 그 당시에 살지 않았다 하더라도 과거에 우리와 같은 인간에 의하여 감동 받은 것이라면 그 유전자를 가지고 있는 지금의 우리들도 거기에 공감하고 다시 그 감동을 재현하게 된다는 것이다. 그리고 그 재현에 아름다움을 느낄 수 있다.

이러한 과거의 감동을 재현하려는 우리의 욕구는 다른 측면에서도 설명이 가능하다. 그것의 핵심은 감동의 공감성이라는 개념이다. 니체가 말한 바와 같이 예술은 "세상에 대한 원초적으로 주관적인 경험"(*the primordial subjective experience of the world*)+일 수 있다. 이 말은 예술이야말로 주관적인 감성의 표출이라는 뜻이다. 따라서 예술 작품에 대한 공감의 범위는 때로는 매우 제한적일 수 있는 것이다. 나의 감동이 꼭 타인의 감동과 연결되지는 않을 수도 있기 때문이다. 그러나 오랜 시간이 지난 지금에도 우리를 감동시키는 예술이 있다면 그것은 분명 공감의 범위가 시간과 공간적으로 넓다고 할 수 있다. 이 문제는 다음 장에서 예술의 공감과 평론을 논할 때 보다 자세히 검토되겠지만 우선 여기에서는 공감의 폭이 넓은 예술에 대한 재현의 감동성을 지적하려고 하는 것이다. 공감의 정도가 높으면 재현의 요구도 확대된다는 것이다.

+ Fred Alford, *Melaniei Klein & Critical Social Theory*, p.104에서 재인용. Nietzsche, "The Birth of Tragedy", translated by W. Kaufmann, *Basic Writings of Nietzsche*, edited by Kaufmann(New York: Modern Library, 1968), sect. 12, pp.83~84.

많은 사람이 그 재현을 통한 감동으로 만족감을 느끼기 때문이다.

이처럼 한 번 느낀 기쁨을 다시 재현하려는 욕망과 시공을 넘어선 공감의 확대에 따라 우리는 과거의 예술에 대한 재현의 욕구를 느끼고 그 재현에 감동하면서 아름다움을 느끼는 것이다. 1650여 년 전 중국 동진(東晋)의 왕희지(王羲之: 307~365) 글씨는 우리를 계속적으로 감동시킴으로써 그동안 수많은 서예가들에게 재현(臨書)의 욕구를 불러 일으켰다. 특히 1400여 년 전 당(唐)나라 구양순(歐陽詢: 557~641)의 해서(楷書)는 지금도 붓글씨를 배우는 기초 교본으로 사용되고 있다. 그리고 고려의 청자와 조선의 백자도 지금까지 우리에게 아름다움으로 느껴져 수많은 도예가들이 그 재현에 힘쓰고 있다. 한국의 전통무용이나 판소리 및 민요들도 마찬가지이다. 뿐만 아니라 모차르트(Wolfgang Amadeus Mozart: 1756~1791)와 베토벤(Ludwig Van Beethoven: 1770~1827)의 음악도 그들의 나라가 아닌 한국에서까지 우리를 감동시키고 있으므로+ 그들이 작곡한 곡들은 지금도 계속 재현되고 있다. 이외에도 우리는 수많은 과거의 예술이 시공을 넘어 우리를 공감시킴으로써

+ 만약 이들의 음악이 감동되지 않으나 명작이라는 설명 때문에 아름다움으로 이해하려고 한다면 이는 지적 학습에 의한 의식적 행위에 불과하다고 말할 수도 있다.

그 재현이 이루어짐을 잘 알 수 있다.

그렇다면 여기에서 우리는 하나의 심각한 질문을 만날 수밖에 없다. 그것은 바로 예술의 중요 임무가 창조성에 있다면 재현은 진정한 예술로서 의미가 있는가라는 것이다. 이 문제 역시 두 가지 측면에서 논의될 수 있다. 그 하나는 매우 철학적이고 과학적인 답변인데 인간은 한 번 느낀 기쁨을 다시 재현하려고 하지만 결국 완전한 재현은 불가능하다는 논리이다. 철학적이고 과학적이라고 함은 적어도 재현의 시점이 시간적으로 공간적으로 동일하지 않다는 것을 지적하는 것이다. 도예의 경우 고려시대의 흙과 지금의 흙이 같을 수 없다. 서예의 경우도 그때 그 붓이 아니고 그 먹과 종이도 그때와 같을 수 없다. 모든 재현은 근본적으로 그 상황 자체가 다르기 때문에 원래의 것과 같을 수 없음을 말하는 것이다.

나아가서 재현 작가의 감성이 그때 그 작가의 감성과 일치되기는 거의 불가능하다는 것을 상기하면 완전한 재현의 어려움은 보다 실감난다. 이러한 논리는 같은 사물이라도 관찰자의 입장에서 다양하게 이해될 수밖에 없다는 '민족적 특성에 따른 방법론'(*ethnomethodology*)에서 강조되는 내용이기도 하다.+ 구체적으로 말하면 왕희지의 글씨는 재현하려는 서예가들에 따라 각기 그 표현이 달라질 수밖에 없다는 것이다. 베토벤의 음악도 연주하는 사람에 따라 각기 그 의미가 달라질 수밖에 없다. 도자기의 재현도 마찬가지이다. 한국 전통무용의 경우 살풀이춤도 재현하는 무용가에 따라 그 의미가 약간씩은 재해석될 수밖에 없다. 이렇게 보면 재현이란 큰 범위에서는 재현이지만 작은 의미로는 새로운 창작이 된다는 논리가 성립된다.[++] 따라서 어떠한 재현일지라도 그것은 큰 틀에서 과거의 예술이 가지고 있는 기본정신(미적 원리)만이 계승될 뿐 실제적으로는 재현작가에 따라 다양한 세부적 해석과 표현이 나오기 마련이다.

다른 하나의 설명은 과거예술의 기본정신이 계승된다면 시공을 초월하여 계승되는 미적 원리는 무엇인가라는 질문으로부터 출발한다. 이 문제가 왜 중요한가 하면 만약 우리가 그 미적 원리를 이해하면 우리도 시공을 초월한 감동의 원리를 찾을 수 있기 때문이다. 과거의 미적 원리를 이해한다는 것은 인간은 어떤 미적 원리에 보다 많은 공감을

\+ Hugh Mehan and Houston Wood, *The Reality of Ethnomethodology* (Malabar, Florida: Robert E. Krieger Publishing Company, 1983), 특히 pp.38～43 참조.

++ 최연희, "재현", 《미학의 문제와 방법》, 미학대계 제 2권, 미학대계 간행회 편(서울대학교 출판부, 2007), pp.236～239.

받게 되는가에 대한 답을 얻을 수 있다는 것이다. 그리고 한편으로는 그 미적 원리에 근거하여 그와는 다른 다양한 미적 원리들을 새롭게 창조할 수 있게 된다. 모든 학문에 있어서 새로운 이론은 과거의 이론과 전혀 다르다 해도 과거의 이론에서 창조적 실마리를 얻는 경우가 허다하다는 사실을 상기하면 보다 쉽게 이 논리를 이해할 수 있을 것이다. 물론 모든 창조가 과거의 논리로부터 영향 받는다는 말은 아니다. 때로는 기존 이론의 영향 없이도 우리가 공감 받을 수 있는 새로운 이론을 창조할 수 있다. 그러나 때로는, 혹은 대개의 경우는, 기존 이론으로부터 새로운 창조의 실마리를 찾게 된다는 것이다.

따라서 확대해석하면 지금까지 감동을 주는 과거 예술의 미적 원리는 또 다른 형식으로 시공을 넘어 새로운 감동을 확산시키는 예술적 창조의 기본요소가 될 수 있는 것이다. 예컨대 구양순의 글씨를 답습하는 것은 구양순의 글씨가 이 세상에서 가장 아름답기 때문에 그 자체를 재현하려는 데 핵심이 있는 것이 아니라, 그 글씨 속에서 시공을 넘어 우리를 감동시키는 미적 원리를 발견하고 그 원리를 이해함으로써 자기 나름대로의 새로운 공감을 위한 또 다른 미적 원리를 창조하기 위한 것이라고 설명할 수 있다는 것이다. 모든 장르의 재현도 다 이런 논리로 새로운 창조를 위한 작업이라고 말할 수 있다. 따라서 재현이란 단순히 과거의 감동을 공유하려는 의미도 내포하고 있지만, 한편으로는 새로운 창조를 가져옴으로써 우리를 감동시키고 또 그 감동 속에서 또 다른 아름다움을 느끼게 되는 계기를 마련한다. 한마디로 재현도 충분한 예술적 의미를 가지고 있는 것이다.

제 5 장

예술의 공감과 평론 그리고 역할과 한계

예술에 대한 공감과 평론

예술에 대한 공감의 문제는 예술을 감상하는 입장에서는 매우 중요한 문제이다. 여기서 공감은 다수인이 느끼는 감동을 의미한다. 그런데 이 문제는 예술에 대한 객관성 내지는 주관성과 직접 연결되기 때문에 철학적으로도 매우 어려운 주제이다. 그리고 예술이 작가의 주관적인 감성 표현이라고 할 때 과연 공감은 어느 정도까지 확대될 수 있는가도 매우 흥미 있는 질문이라고 할 수 있다.

이러한 논의를 하기 위해서는 정신분석학에서 이야기하는 집단무의식(*the collective unconscious*)을 먼저 생각할 수 있다. 대상관계이론에 따르면 인간의 무의식은 자아와 외부대상 혹은 세상과의 내사(*introjection*)와 투사(*projection*)를 통하여 형성되는 것이다. 그런데 공간과 시간을 공유하는 집단에서는 이러한 내사와 투사 과정의 공통점이 있기 마련이고 이에 따라 무의식의 내용에도 공통점이 발견될 수 있다는 논리가 성립된다.+ 우리가 흔히 이야기하는 민족성이라는 것도 바로 특정

+ Yong Shin Kim, *The Ego Ideal, Ideology and Hallucination* 참조. 이 책은 공간과 시간을 공유하는 집단의 구성원들이 공통적으로 가지는 무의식적 요소의 분석을 통하여 정치적 집단행위의 퇴행성을 규명함으로써 집단무

민족이 가진 공통적 성격인 것이다. 좁게는 마을마다 나름대로 독특한 정서가 있는 것도 바로 이러한 논리를 뒷받침해준다.

상기 주장을 조금 확대 해석하여 만약 모든 인간에게 시공을 초월하여 공유되는 공통적 감성이 있다고 한다면 그것의 표현은 이 세상의 모든 사람들에게 공감을 불러일으킬 수도 있다. 시공을 초월하여 우리를 공감시키는 예술작품이 있다면 그것은 일면 이러한 점에 기인한 것이라고 해석할 수도 있다. 그리고 일부 예술가들이 시공을 초월하여 우리를 감동시키는 논리를 찾으려고 노력한 적이 있다면 바로 불멸의 명작을 남기려고 한 요구에서 기인된 것이라 할 수 있다. 이러한 노력의 배후에는 인간에게는 시공을 초월하여 변치 않는 인간성이 있으며 이 부분을 자극하면 모든 사람에게 공감을 불러일으킬 수 있다는 논리가 깔려있다. 앞서 지적한 진리 혹은 완전성 추구를 기본 목표로 하는 예술 작업들은 대개가 불변의 어떤 감동을 염두에 두고 있다고 해도 과언은 아니다.

그렇다면 정말 시공을 초월하여 모든 사람들을 감동시킬 수 있는 논리는 존재하는 것인가? 이성을 강조하고 삶의 목적 그리고 절대선의 존

의식의 실체를 밝히려고 했다.

재를 믿는 고대 철학적 입장에서 보면 상기의 질문에 긍정적 답을 할 수 있다. 그러나 마키아벨리 이후의 감성을 강조하고 절대진리의 존재를 부정하는 상대주의적 철학의 입장에서는 부정적인 답을 내릴 수밖에 없다. 상대주의적 철학에서는 다만 시공의 공유를 통한 일정부분의 공통된 정서만 존재한다고 믿을 뿐이다. 특히 정신분석학(대상관계이론)에서 논의되는 집단무의식이라는 개념은 시공의 변화에 따른(시공의 초월이 아닌) 공통적 정서라는 의미로 그 이해의 폭을 제한하고 있을 뿐이다.+

이러한 정신분석적 입장에서 보면 구체적으로 예술의 공감성은 시간과 공간에 따라 변할 수밖에 없다. 우선 공간적 의미로 보면 우리나

\+ 물론 스위스의 Carl Gustav Jung(1875~1961) 같은 정신분석학자는 인간에게 시공을 넘어 존재하는 어떤 근본적인 "원형"(*archetype*)의 존재를 가정함으로써 집단무의식의 의미를 보다 확대해석하고 있다. 그러나 일반적으로 대상관계이론에서는 Jung의 "원형"에 대한 의미를 완전히 받아들이고 있지 않다. 따라서 이 책에서는 대상관계이론에 기초하여 필자가 이해하는 범위 내에서의 집단무의식을 논할 뿐이다. Jung의 집단무의식에 관한 이론은 Anthony Storr, *Jung*(London: Pontana Press, 1973), pp.39~61 (Archetypes and the Collective Unconscious), 그리고 Frieda Fordham, *An Introduction to Jung's Psychology*(Middlesex, England: Penguin Books Ltd., 1966), pp.47~68 참조.

라 사람들에게는 공감성이 있지만 외국 사람에게는 공감성이 약한 예술 작품이 있을 수 있다. 그리고 그와 반대로 어느 곳에서는 많은 호응을 얻고 있는 데 반해 우리는 그 감동을 이해하기 어려운 경우도 있다. 즉, 공간적인 제약에 따른 공감의 한계가 있는 것이다. 또한 시간의 변화에 따라 공감성도 변하게 된다. 과거에는 많은 사람들을 공감시켰지만 지금은 그렇지 못한 경우가 있다. 그리고 그와는 반대로 과거에는 공감을 불러일으키지 못했지만 지금에 와서 큰 공감을 불러일으키는 예술품도 있다. 이것은 바로 시간에 따른 공감의 한계인 것이다.

시간과 공간의 개념을 떠나서 생각을 공유하는 집단 내에서의 공감도 있다. 지금까지 예술사에서 나타난 수많은 주의주장들은 바로 이러한 경우라고 할 수 있다. 이는 시간과 공간과는 별개로 이 세상을 보는 눈에 따라 감성의 표현이 달라진다는 논리에 근거한다. 구체적으로 지금까지 예술사에서 나타난 수많은 주의주장들은 세상을 보는 시각의 차이에 따라 형성된 것이기에, 특정 시각에 동의하는 사람들에게 특정 주의주장들은 많은 공감을 불러일으킨 것이다. 그리고 한편으로 특정 주의주장에 동의하지 않는 사람들에게는 그 표현에 대한 공감성이 떨어지는 것도 사실이다. 예를 들어 사실주의적 예술에는 공감하지만 추상주의 예술에는 공감하지 못한다던가 하는 일은 바로 이러한 논리로 설명이 가능하다.

이와 관련하여 예술가 자신의 입장에서도 공감성의 문제는 논의될 필요가 있다. 예술이 앞서 지적한 바와 같이 시공을 초월한 근본적인 정서의 표현이어야 한다면 예술가들은 인간에게 불변의 감성적 원리를 파악하여 그 부분을 감동시키는 작업을 해야 할 것이다. 그러나 예술이 주관적 감성의 표현이라고 한다면 예술가는 객관적 공감의 여부와 관계없이 자기의 표현을 주관적으로 할 수도 있다. 이러한 문제는 다시 처음에 제기한 객관성과 주관성에 관한 철학적 문제이다. 이 문제에 관해서는 상대주의적인 철학의 입장에서는 객관성에 대해 회의적이며, 정신분석학의 입장에서는 무의식을 논하더라도 부분적 공감만을 인정한다는 것을 이미 지적한 바 있다. 그럼에도 불구하고 시공을 초월한 객관적 공감의 문제에는 솔직히 분명한 대답을 하기 어려운 것이다. 지금도 이 문제는 철학적으로 완전히 해결된 것이 아니며 어쩌면 계속적인 논쟁의 대상이 될 것이기 때문이다.

다만 이 부분에 관해서는 페이에라벤드(Paul Feyerabend)의 '이론의 무정부주의'(*anarchistic understand of theory*)와 쿤(Thomas Kuhn)의 '패러다임'(*paradigm*) 논리를 소개함으로써 필자의 생각을 대변할 뿐이다. 페이에라벤드는 《방법론에 대항하여》(*against method*)라는 저서에서 이 세상의 모든 문제를 풀어주는 유일한 이론은 없음을 강조하면서 다양한 이론의 존재 가치를 강조하고 있다.+ 이것은 비록 다수로부터 공감 받지 못하더라도 다양한 이론(혹은 예술적 표현)은 세상을 보다 풍요롭게 이해하는 데 도움이 된다는 의미까지를 함축하고 있다. 또한 쿤은 《과학혁명의 구조》(*the structure of scientific revolutions*)라는 그의 명저에서 오늘의 신화(미신)는 내일의 과학(진리)이 될 수 있으며 오늘의 과학(진리)은 내일의 신화(미신)가 될 수 있음을 지적함으로써 시공을 초월한 진리의 존재를 부정하고, 모든 이론은 진리 여부를 떠나 그 시대를 지배하는 생각(*paradigm*)에 의하여 선택되거나 버려지는 것이라고 말하고 있다.++ 따라서 필자는 예술은 꼭 시공을 초월하는 미적 공감을 떠나 주관적 감성의 표현이더라도, 그래서 공감이 약하다 하더라도 그 나름대로 의미가 있다고 생각한다. 현재는 비록 공감이 없더라도 언젠가는 다시 공감될 수 있으며, 혹은 오늘 공감 받더라도 언젠가는 공

\+ Paul Feyerabend, *Against Method*(Thetford, Norfolk London: The Thetford Press Ltd., 1975), pp.29~33. 김용신, 《문명비판 I: 정치철학과 정신분석학의 만남》(명상, 2000), pp.38~39.

++ Thomas Kuhn, The Structure of Scientific Revolutions(Chicago and London: University of Chicago Press, 1962), pp.2~9. 김용신, 《문명비판 I: 정치철학과 정신분석학의 만남》, p.37.

감되지 못할 수도 있는 것이다. 그리고 더 나아가서 아무리 주관적 감성의 표현이더라도 그것은 우리의 삶을 보다 입체적으로 이해하는 데 긍정적으로 작용할 수 있다고 본다.

따지고 보면 예술의 평론에 관한 원리도 결국은 그 핵심이 공감에 대한 입장에 따라 규정될 수 있다. 평론의 기본 목표는 예술작품에 대한 설명 혹은 비평을 통해 그 공감성 여부를 해설하는 데 있다고도 할 수 있기 때문이다. 따라서 모든 평론은 예술 작품이 표현하려고 하는 그 의미를 구체적으로 설명하고 비평하는 형식을 취하고 있다. 그리고 그 형식 속에는 일반적으로 작가의 세상을 보는 눈과 표현기법 등의 설명을 통해 공감성 여부가 논의되며 나아가서는 그 작품이 예술의 세계에 미치는 영향 등이 거론되는 것이다.

그런데 문제는 예술평론이 때때로 너무나 애매모호한 형용사적 표현을 하게 된다는 점이다. 예를 들어 '대원군(大院君)의 난초는 가을을 보는 것과 같다'라든가, '아무개의 춤은 바람에 흔들리는 한 송이 목련화 같다', 혹은 '아무개의 조각 작품은 너무나 인간적이다' 등의 평론이 있다면 이는 너무나 애매힌 표현으로써 그 작품을 제대로 이해하기가 어렵다. 따라서 예술작품이 가지고 있는 공감성을 보다 구체적으로 설명할 수 있는 몇 가지의 평론원리가 있어야 한다고 본다. 첫째는 말할 것도 없이 작가의 표현기법에 대한 설명이 체계적으로 있어야 한다. 즉, 아무개의 그림이나 글씨는 붓을 어떻게 운필하여 그러한 획이 나오게 되는가, 아무개의 무용은 그 기본 동작이 어떤 형태를 취하고 있는가, 혹은 아무개의 음악은 주로 어떤 음을 어떻게 사용하고 있는가라는 설명이 구체적으로 있어야 하고, 이것은 어떤 표현을 위한 방법인가도 함께 지적되어야 한다. 둘째로는 그 작가의 표현을 통하여 우리가 느낄 수 있는 작가의 세상을 보는 시각이 철학적 혹은 예술적인 측면에서 논의되어야 한다. 아무개는 세상을 어떤 눈으로 보고 있기 때문에 기존 예술 사조에서 어떤 입장을 계승하고 있으며, 그것을 근거로 어떤 변화적 시도를 하고 있는지, 아니면 작가 나름의 특정한 정신을 창조적으로 어떻게 표현하고 있는지 등의 구체적 논의가 있어야 된다는 것이다. 그리고 셋째로는 그 작가의 표현이 우리에게 어떤 감동을 불러일으키며 그 공감성은 어떠한지가 논의되고, 이와 관련하여 그 작품이 가지고 있는 예술적 의의 등이 논의되어야 한다고 생각한다. 첨가하여 앞서 설명된 인간감성의 예술적 표현 양식에 따른 설명까지가 논의된다면 감상자의 입장에서 그 공감여부가 더 명쾌해지리라 생각한다.

그런데 이러한 체계적인 평론은 실제로 어려운 일일 수 있다. 그 이유는 먼저 평론가의 예술 실기에 대한 충분한 이해 부족에서 유래될 수 있다. 물론 평론가에게 예술 실기에 대한 완전한 이해를 요구하기는 어렵다. 그러나 최소한 기초적인 표현 기법에 대한 이해도 없이 어떤 작품을 평론한다는 것은 문제가 있다. 예를 들면 조선조 후기 명필인 추사(秋史) 김정희(金正喜) 선생의 운필(運筆)법과 그것이 획에 미치는 상징성 등을 체계적으로 설명한 평론은 거의 보기 힘들다. 대개의 평론은 '추사의 획은 투박하고 괴기하다'라든가, 혹은 '전서(篆書)와 예서(隸書), 혹은 행서(行書)의 획을 다양하게 구사하고 있다'는 정도이다. 붓을 어떻게 움직이기에 그런 표현이 나오며 왜 그렇게 했는가에 대한 설명이 부족하다. 음악도 어떻게 그런 음이 나오며 왜 그렇게 하는가에 대한 설명이 약하다. 무용도 발과 팔 동작의 세밀한 분석과 왜 그렇게 하는가라는 설명이 필요하다는 것이다.

이러한 표현기법에 대한 구체적인 평론이 전제되어야 그 다음 그 작가가 표현하려고 하는 어떤 정신이 체계적으로 논의될 수 있다. 그런데 그 표현 정신에 대한 부분도 매우 추상적일 수 있다. 앞서 지적했듯이 평론가 자신이 느끼는 매우 주관적인 감성에 근거한 애매한 표현이 나올 수 있다는 것이다. 따라서 이 부분에도 보다 체계적이고 구체적인 설명이 있어야 그 공감성과 예술적 의의를 보다 명쾌히 이해할 수 있는 것이다.

그런데 이러한 구체적 표현을 한다 하더라도 문제는 여전히 남게 된다. 그것은 바로 인간의 감성이 주관적이라면 평론 역시 주관적 표현에 대한 주관적 해설 혹은 비평의 의미를 벗어나기 어렵다는 사실이다. 그렇다면 결국 예술의 공감성이란 감상자의 주관적 감흥에 기초될 수밖에 없는 것인가? 1960년대 이래 일어난 후기근대주의(*post-modernism*)적 입장에서는 상기의 질문에 긍정적 답을 얻을 수 있다. 후기근대주의란 근대주의(*modernism*)가 지향하는 어떤 객관적 형식이나 주의(*ism*) 등을 부정하고 주관성을 강조하고 있기 때문이다.[+] 또 하이데거는 작품 감상에 있어서 근본적으로 "작품의 보존"을 강조하는데 그 의미는 작품의 숨어있는 진리의 나타냄을 그대로 작품 내에 있도록 두어야 한다고 말하고 있다.[++] 이러한 의미는 평론이 꼭 어떤 공감성을 해설하려고 하는 것은 오히려 문제가 있으므로 모든 것은 감상자에게 맡겨야 된다는 의미로 확대 해석할 수도 있다. 그렇다면 평론도 결국 예술의 객관성과 주관성에 관한 철학적 문제로 되돌아가고 만다.

\+ "Postmodernism", 두산백과사전 참조. 김욱동 편, 《포스트모더니즘과 예술》(청하, 1991), 참고.

++ 염재철, "니체, 하이데거, 가다머의 예술철학", pp.493~495.

예술의 역할과 한계

독일 프랑크푸르트학파의 핵심에 있는 마르쿠제는 《미학적 차원》(*aesthetic dimension*)이라는 저서에서 예술은 세 가지 중의 어느 하나의 작업을 수행하는 것이라고 지적하고 있다. 그 첫째는 고통은 즐겁지 않기 때문에 고통으로부터 탈피하려는 것이며, 둘째는 "고통을 예술의 형태로 종속시키고 그 고통 자체를 기쁨으로 연결시킴으로써" 고통을 피하려는 것이고, 셋째는 고통 그 자체를 아름다움으로 확인하는 것이라고 말하고 있다.+ 이와 같은 설명은 결국 예술은 원인이 어디에 있건 우리에게 고통을 탈피하게 해주며, 아니면 고통 그 자체를 차라리 아름다움으로 인식케 하는 역할을 가진다고 요약할 수 있다. 대상관계이론을 따르는 알포드는 예술의 역할을 네 가지로 나누어 보다 구체적으로 설명하고 있다. 그에 따르면 "예술은 우리의 마음을 편안하게 해주고, 우리의 감성을 순화시키며, 비자유적 세상에서 우리의 자유를 창조할 뿐 아니라, 비록 세상의 진실이 우리를 기쁘게 하지 않더라도 그 진실을 가르쳐 준다"++라고 말하고 있다.

+ Herbert Marcuse, *Aesthetic Dimension*(Boston: Beacon Press, 1978), pp.55~61.

이상의 주장들은 다분히 의미 있는 설명이라고 할 수 있다. 앞서 무의식의 표출로서 예술의 의미를 살피는 데서 지적했듯이 인간의 예술 행위란 결국 우리의 비자족성을 해결하려는 완전성 추구 욕망에서 출발된 것이며 문명 속에서 억압받은 우리의 감성을 정화시키려는 노력으로 이루어진 것이기 때문이다. 그런데 곰곰이 생각해보면 인간의 모든 행위는 앞서 지적한 고통을 줄이고 완전성을 회복하려는 목적을 본질적으로 가지고 있다고 할 수 있다. 인간의 무의식적 본능 그 자체가 바로 그러한 것을 추구하기 때문이다. 많은 철학자들 그리고 사회이론가들까지도 예술의 의미를 인간행동의 일환으로 분석하려고 한 것은 사실 그들의 목표도 인간의 고통을 덜어주는 데 초점이 있기 때문이다. 그렇다면 예술과 여타 사회이론과는 어떤 차이가 있는 것인가라는 질문이 당연히 나오게 된다. 만약 이 질문이 필요 없다면 예술의 의미와 역할을 별도로 논할 필요가 없기 때문이다.

이러한 점에서 예술이 가지는 특별한 의미와 역할은 두 가지 측면에서 논의될 수 있다. 그 첫째는 예술이 기쁨만이 아니라 슬픔까지도 아름다움으로 느끼게 만든다는 점이다. 모든 사회이론은 슬픔을 줄이고

++ Fred Alford, *Melanie Klein & Critical Social Theory*, p.118.

기쁨을 확대시키는 데 그 초점이 있을 뿐 슬픔 자체를 현실 속에서 아름다움으로 느끼게 할 수는 없다. 만약 그렇게 한다면 이는 위선이며 현실을 속이는 일이 우리를 우롱하는 것이 되고 말기 때문이다. 이러한 구별성은 두 번째의 논의를 함으로써 보다 명쾌해진다. 그것은 바로 예술은 현실이 아닌 가상의 세계를 상정함으로써 우리의 기쁨을 배가시키고 우리의 슬픔까지도 아름다움으로 느끼게 만든다는 점이다. 이에 반해 모든 사회이론은 비록 우리의 고통을 해소시키거나 줄이려는 데 목적이 있다 하더라도 가상의 세계를 상정할 수는 없는 것이다. 따라서 예술은 그것이 만들어내는 가상의 세계 때문에 여타 사회이론과는 그 맥을 달리하는 것이다. 이러한 가상의 세계야말로 사회이론이 제시할 수 없는 다양한 방향으로 고통해소와 기쁨확대를 창출할 수 있는 예술의 묘미인 것이다. 따라서 예술의 장점은 한마디로 가상의 세계라는 또 하나의 세계를 가지고 있다는 점이라고 해도 틀린 말은 아니다.

그런데 이러한 가상의 세계 때문에 예술은 다시 그 한계성을 가질 수밖에 없으니 이 또한 아이러니한 일이다. 그 핵심은 바로 가상의 세계와 현실의 세계가 때로는 모순적이며 충돌할 수 있다는 점이다. 이것은 현실의 세계에서 해결될 수 없는 문제를 풀기 위한 노력의 결과이기도 하지만, 한편으로는 문명이 그 모순을 해결하는 하나의 방편으로 예술이라는 이름 아래 가상의 세계를 인정하더라도 문명 그 자체의 본질을 위협하는 가상의 세계는 허락할 수 없다는 또 다른 모순에 기인된 것이기도 하다. 문명은 분명코 어떤 형태의 도덕과 질서를 요구할 수밖에 없다. 그렇지 않으면 문명은 문명이 아니기 때문이다. 그런데 문명이 강조하는 도덕과 질서는 또 다른 고통을 수반할 수밖에 없음으로 문명은 우리에게 예술이라는 이름의 가상적 세계를 허락하였다. 그 속에서 우리는 문명 속에서 상처받은 자아를 일부라도 치료받을 수 있다. 이것은 문명의 자기모순 극복을 위한 최소한의 배려라고 할 수도 있다. 그런데 그 가상의 세계가 문명의 뿌리를 흔드는 경우에 문명은 이를 고통 해소와 기쁨 확대라는 명분만으로 방관할 수는 없다는 것이다. 이것이 바로 예술과 도덕의 문제이며 예술의 한계인 것이다.

예술과 도덕의 문제는 많은 학자들에게서 논의되고 있는데 그 핵심은 도덕주의(*moralism*)와 자율 혹은 반도덕주의(*immoralism*)로 크게 대별될 수 있다. 그리고 이러한 두 개의 양극적 상황을 보다 구체적으로 설명하기 위해 "극단적 도덕주의"(*extreme moralism*), "극단적 자율성주의"(*extreme automatism*), "온건한 도덕주의"(*moderate moralism*), "온건한 자율성주의"(*moderate automatism*), "인지적 반도덕주의"(*cognitive immoralism*), "개연적 도덕우선주의"(*contingent priority of the moral*), "삶-가치 다원주의"(*life-value pluralism*) 등이 거론되고 있다.+ 이러한 모든 개념들은 따지고 보면 문명사회와 예술의 가상적 세계 간에 무엇을 우선시하고 어떤 정도의 조화가 요구되느냐라는 질문에서 출발된 것이다. 그런데 이것도 결국은 어떤 당위(*ought to*)의 문제로 설명될 수는 없다는 것이다. 즉, 도덕이 꼭 우선되어야만 한다든지 아니면 예술의 자율성이 당연히 우선되어야만 한다는 필수적 요구로 해결될 문제가 아니라는 점이다. 도덕과 예술의 문제에서 어느 한편의 우위를 당위적으로 요구하는 것이야말로 문명의 본질을 잘 모르는 처사라고 말할 수밖에 없다.

앞서도 몇 차례 언급된 바 있지만 정신분석학적 입장에서 보면 문명은 우리에게 가장 중요한 생명과 삶의 질을 보장해주기 위해 어떤 질서나 도덕을 요구할 수밖에 없다. 다만 그 질서와 도덕이 우리에게 또 다른 불만족을 가져온다는 것이 문제이다. 따라서 이 불만족 해소를 위해 문명은 예술의 가상세계를 인정할 수밖에는 없는 것이다. 그렇지 않으면 우리는 너무나 슬프기 때문이다. 그러나 무제한 인정할 수도 없는 것이다. 그러면 문명은 파괴되기 때문이다. 그렇다면 문명이 예술의

+ 주동률, "예술과 도덕의 관계", 《현대의 예술과 미학》, 미학대계 제3권, 미학대계 간행회 편(서울대학교 출판부, 2007), pp.279~302.

표현에 대한 허락의 범위나 한계는 어디까지인가? 이 문제는 당위의 문제가 아니라 현실적으로 그 시대를 사는 사람들에 의해 정해질 수밖에 없는 것이다. 그 한계가 어떻게 되어야만 된다는 불변의 원칙이 있는 것도 아니다. 어떻게 되어야 한다는 당위의 문제로 접근하는 것은 문명의 속성을 넘어선 이상적 논리만을 도출하게 된다.

이러한 주장은 예술의 자율성을 비판하는 의미가 결코 아니다. 인간의 완전성 추구 혹은 문명의 상처를 치유하기 위한 방편으로 예술의 창조정신은 무제한적일수록 우리의 상처를 보다 많이 치유해줄 것이다. 그러나 그 표현의 자유가 문명의 제한을 받을 수밖에 없다는 현실적인 점을 이야기하는 것이다. 이러한 점에서 보면 문명은 우리에게 예술의 출구를 인정하면서도 또 규제하는 현실적 양면성을 가졌다고 할 수 있다. 이 점은 앞서 설명한 문명의 양면성에 대한 또 다른 측면인 것이다. 다시 말하면 예술적 표현에 대한 무제한적인 자유는 문명이 요구하는 그 시대의 도덕적 한계를 넘어설 때 문명으로부터 다시 억압받음으로써 우리를 또 슬프게 한다는 현실적인 상황을 말하는 것이다. 따라서 그 시대의 사람들이 정할 문제라는 지적은, 문명의 본질을 훼손하지 않으면서 예술의 표현 자유를 인정하는 범위와 정도(*degree*)는 결국 그 시대를 사는 사람들에 의해 정해질 수밖에 없다는 현실적인 문명의 양면적인 속성에 대한 철학적 해석인 것이다. 이러한 논리는 앞서 설명한 쿤의 세상을 보는 시각과 연결된다고도 할 수 있다.

제 6 장

맺으며

지금까지 필자는 문명의 양면성과 문명 속에서 억압받은 감성적 상처를 해소하는 방편으로서의 예술적 입장, 그리고 문명과는 별도의 입장에서 인간의 비자족성을 해결하기 위한 욕구, 혹은 완전성 내지 진리추구의 욕구로서 예술적 표현에 대한 내용을 살펴보았다. 그리고 상상을 통한 예술의 창조정신을 논하였고 기존 예술작품의 재현이 가져오는 또 다른 예술적 의미도 설명하였다. 그리고 예술을 논하는 데 항상 무거운 질문으로 등장되는 객관성과 주관성의 문제도 공감이라는 개념을 통해 나름대로 논하였고 예술의 공감적 범위와 예술평론의 원리도 지적하였다. 뿐만 아니라 예술이 인간생활에 미치는 영향은 물론 예술과 도덕이라는 조금은 애매한 문제도 나름대로 정리하여 보았다.

이러한 전반의 문제를 논한 후 필자가 강조하고자 하는 핵심적 내용은 아래와 같이 요약될 수 있다.

첫째는 예술이 지성이 아닌 감성의 표현이라면 인간 감성의 본질을 파악할 때 비로소 그 의미를 보다 명쾌히 이해할 수 있다는 점이다. 이 주장은 예술에 대한 정신분석학적 해석의 유효성을 뒷받침하는 논리라고 할 수 있다. 때문에 이 연구의 기본 방법론을 의미하기도 한다.

둘째로는 예술이 감성의 표현이라고 한다면 인간 감성의 본질적인 동적 양상을 파악하는 것이다. 이를 위해서는 우선 문명의 양면성을 이해해야 하는데 그것은 바로 문명은 인간의 생명을 보호하고 삶의 질을 높여주지만 한편으로는 도덕이나 질서의 이름으로 인간의 또 다른 감성을 억압하는 양면성을 가졌다는 사실이다. 그리고 인간은 이러한 억압을 그대로 수용하는 것이 아니라 그 해소를 위한 본질적 욕구를 가지고 있는데, 이는 인간 무의식의 양대 핵심 중 하나인 기쁨추구원리에 근거한 자아이상의 본질적 성질 때문이라는 점을 설명하였다. 추가하여 인간은 본질적으로 비자족적 존재임으로 문명의 억압에 대한 해소를 떠나서도 비자족성을 해결하려는 노력을 설명하였는데, 이 역시 자아이상의 작용으로서 완전성 내지 진리추구의 욕망을 버릴 수 없기 때문이라는 점을 지적하였다.

셋째로 상기의 전제하에서 인간감성의 표현으로서 예술을 크게 세 가지 측면에서 논의하였다. 그 하나는 문명의 억압 문제를 떠나 본질적으로 완전성 추구를 위한 노력으로서의 예술적 표현이고, 다른 하나는 문명 속에서 억압받은 감성의 상처를 해소하기 위한 노력으로서 초월성 혹은 승화의 방법이며, 마지막으로는 현실의 아름다움을 표현하거나 아니면 차라리 현실의 고통을 인정하고 그 속에서 아름다움을 느끼려는 내재적 표현으로서 예술의 의미를 설명하였다. 이러한 분류는 결국 인간의 완전성 욕구와 문명 속에서 얻어지는 상처를 해소하기 위한 것으로 크게 양별될 수도 있다. 부수적으로 이러한 예술적 표현이 가지는 문제점도 함께 논하였는데, 완전성 추구 욕망이 가져오는 도그마현상의 병폐와 승화를 위한 이상의 과도한 강조가 가져오는 감동의 상실 그리고 현실의 무질서를 방관하기 쉬운 내재적 표현의 한계를 나름대로 지적하였다.

넷째로 인간의 상상이 가져다주는 본질적 기쁨을 인정하고 상상을 통한 창조정신을 논함으로써 예술의 핵심이 창조적 활동임을 역설하였다. 그리고 인간의 완전성 추구 욕망에 근거한 표현이나 승화 내지는 내재적 표현도 결국은 모두 인간의 상상에 기초하고 있음을 강조하였다. 기존예술 작품의 답습이나 재현의 의미에 대해서는 재현 그 자체가 가지는 예술적 의미는 물론 재현 그 자체도 결국은 하나의 예술적 재창조 작업에 긍정적으로 작용하고 있음을 구체적으로 설명하였다.

다섯째로는 예술이 갖는 공감의 문제를 논함으로써 예술의 객관성과 주관성이라는 철학적 질문에 대한 나름대로의 설명을 하였다. 그 핵심은 예술은 주관적 감성의 표현일 수밖에 없다 하더라도 집단무의식이 존재하는 한 공감의 범위나 정도가 확대될 수 있음을 지적하였다. 그리고 예술에 있어서 시공을 초월한 객관성의 강조에 대한 회의적 설명을 하면서, 공감의 정도가 매우 제한적인 주관적 표현이더라고 예술적 의미는 부정할 수 없음을 설명하였다. 예술평론의 원리에 있어서는 보다 명쾌한 예술기법의 설명과 그에 수반되는 예술가의 인간과 세상에 대한 시각, 그리고 나아가서는 그 작품이 가지는 예술적 의의까지가 구체적으로 논의되어야 한다는 것을 역설하면서 예술평론이 취하기 쉬운 애매한 감성적 표현의 병폐를 지적하였다. 그리고 감성의 주관적 표현에 대한 또 다른 주관적 표현으로서 평론이 가지는 모순성도 함께 논하였다.

이러한 논의를 마치고 보니 그간 다양한 미학자들의 예술논의를 넘어서, 필자 나름의 표현을 한다면 '예술은 한마디로 우리를 감동시키는 작업이다'라는 결론을 얻게 되었다. 그리고 다른 말로는 '예술은 기쁨 혹은 완전성 추구를 위한 자아이상의 표출이다'고 표현할 수도 있다고 본다. 이러한 의미를 통해 우리는 감동 받을 때 아름다움을 느끼며 그러기에 예술은 슬픔마저도 아름다움으로 변화시키는 마력이 있다는 것을 알았다. 뿐만 아니라 예술의 객관성과 주관성의 문제, 나아가서는 예술적 가상의 세계가 가지는 한계를 통해서 예술과 도덕에 대한 관계 설정도 나름대로 설명할 수 있었다. 끝으로 예술의 핵심이 감동이라면 거꾸로 우리를 감동시키는 것은 모두 예술이냐는 질문이 야기될 수 있다. 이에 대해 필자는 예술의 형식에 대한 논의를 넘어서 우리를 감동시키는 일이 있다면 우리는 이에 대해 적어도 '예술적'이라고 할 수는 있다고 생각한다.

Summary

A Psychoanalytic Interpretation of Art

I. Prologue

Art is a symbol of feeling — so argues the philosopher of art, Susanne Langer. Indeed, Nelson Goodman, who discovered the color grue, agrees. He views art as an attempt to engage with the world through emotion, not intellect. Hence, if we wish to grasp the meaning of art, we must grapple with the dynamics of our emotional selves. In such an endeavor, psychoanalysis can provide an insightful milieu. Thus, in such a light, I will reflect upon the issues of artistic meaning and emotional being.

II. Civilization and Human Desire

1. Two Faces of Civilization

Desire drives us. And in the primitive conditions of Hobbesian nature, each and every one of us clashes with each other to realize that desire. In such a state of perpetual conflict, with the constant threat of a violent death, we cannot be free from fear. Yet, we cannot exist in that state because, arguably, the most powerful desire that drives us is the desire for self-preservation. Thusly impelled, we created civilization in the hopes of preserving our selves and avoiding the violent death of our fears. Unfortunately, man is not ruled by reason, and to preserve that which preserves us, Hobbes proclaims that civilization's laws must necessarily be a visible power.

Like Hobbes, Nietzsche rejects the power of reason. Yet, unlike Hobbes, Nietzsche does not take civilization as a miraculous curative. Instead, he diagnoses the cure as a source of a problem — unhappiness. By its very nature the visible power of civilization represses desire in the name of law and morality, but it is the fulfillment of that very desire that brings happiness. Thus, the very thing that saves us makes us discontent. For Nietzsche, this means that the central drive is no longer the desire for self-preservation, but the desire for self-realization.

According to Freud, civilization and its discontents derive from two basic instincts — Eros (love), which generates civilization, and Thanatos (death or aggression), which seeks to destroy (i.e. change) it. In his understanding, through our love instinct, civilization embraces Eros, protecting us from our fear of violent death; however, by extension it represses Thanatos, our death instinct and need for change, creating our discontents. Civilization then, much like the Roman god Janus, has two faces — one of protection and another of repression, inextricably bound, two sides of the same coin. Yet, Janus is the god of doorways and if we reflect upon his double visage we may see a route leading us through this Gordian Knot.

2. The Unconscious as the Repressed Desire

We can conceive of Eros and Thanatos, which compel us to increase pleasure and decrease sorrow, as the essence of the "pleasure principle" in psychoanalysis. Indeed, as such, the compulsion of the pleasure principle causes us, who inhabit civilization, discontents. For Freud, how we resolve our discontents is of vital importance and he developed the "constancy principle" to explain our lifelong pursuit for peace of mind. Under Chasseguet-Smirgel, the understanding of this process evolves into greater detail.

For Chasseguet-Smirgel, there are two fundamental unconscious desires: the ego ideal, the inheritor of primary narcissism and the need to follow the pleasure principle; and the superego, the inheritor of the Oedipus complex and the will to maintain reality. The inter-relations between them make possible two developmental paths of desire: the "shortest route" and the "evolutionary route." The shortest route results from ego ideal's denial of requirements of the superego. The evolutionary route results from the ego ideal's acceptance of and concordance with reality (i.e. the values of civilization). While one might assume the possibility of a third route, wherein the superego rejects the ego ideal, there is no such option since the ego ideal is essential to the superego (but not vise-versa).

The shortest route presents an interesting conundrum between wish and reality. If we choose the shortest route, and reject reality (and its corresponding values of civilization), then we can immediately attempt to satisfy our ego ideal and fulfill our wish. But, since we have rejected reality, it becomes difficult to make our wish real. And when we cannot realize our wish, the ego ideal can try to attain its desire by believing the desire itself to be truth; i.e. in the shortest route, the ego ideal can satisfy its wish through fantasy. However, even fantasy can be controlled by reality (i.e. civilization).

3. The Desire Towards Truth and Perfection

We are not self-satisfied beings, far from it. Our spirit is confined to mortal flesh. Our union is divided by male and female. And our society is conflicted by individuality. These are our three original sins.

Incapable of self-satisfaction, we yearn for fulfillment — to return to the womb, as Freud would say. In the womb, we knew complete happiness. Born, we are removed from the state of narcissistic perfection and our unhappiness begins. Thus, as in Freud's "wish model", we desire to re-establish this original experience of satisfaction, of happiness and perfection.

In this pursuit of perfection, we may be tempted to take the shortest route to our wish fulfillment. However, along this developmental path, we risk transforming our pursuit of perfection into a form of dogma, as we come to believe our wish to be truth. Yet, despite such dangers, our desire for happiness is innate and cannot be released. We are perpetually driven by our ego ideal towards truth and perfection.

III. Art as the Representation of the Unconscious

1. Art as the Desire Towards Truth and Perfection

In ancient society, art was a means to truth and perfection. Indeed, it was entwined with philosophy and religion. In their pursuit, our ancestors built shrines and idols of their gods, whom they prayed towards. In prayer, they uttered devotions and moved their bodies in rhythm. They wrote and painted about their lives. Their works moved our emotions, and so we made their shrines and idols great works of art. Their utterances and movements became our music and dance. And their writings and drawings inspired us to poetry and art.

Today in modern society, artists still seek truth and perfection. Classicism of the 17th to 18th Century tried to enlighten artists by emphasizing the strict principles of perfection; thus, the artists sought ideal harmony, order, and balance through the art. Impressionism of the 19th to 20th Century emphasized that all colors were reflected by light; therefore, artists tried to draw objects through understanding the meaning of how light changed every second, attempting to capture the true appearance of an object.

In the quest for truth, however, we must take care that we do not become slaves to dogma, demanding that what we believe is true. By insisting upon the veracity of illusion (i.e. hallucination), dogma represses the very nature of art, which intrinsically seeks truth. An example of such a stance is the socialist realism of the Soviet Union. Communists believe that to be happy we must reach the final stage of history, communism. Hence, they argue that all human activities must step to that spirit of communism. Due to this all-encompassing doctrine, the political power of social realism represses art, which is turned from revealing truth to supporting communism. Yet, even in spite of such repression, we cannot remove from ourselves the need for truth and perfection, especially through art, which promises us the hope of fulfilling our desire.

2. Art as Reparation for Repressed Desires: Transcendence and Sublimation

As we have seen, we strive to realize our desires. If we cannot achieve our dreams in reality, then we may embrace hallucination. However, art also provides a way by co-opting illusion and providing a path for the ego ideal's shortest route. Art, unrestricted from the real, allows us to portray the impossible. Through art we can conquer Evil and obtain Eternity. Thus, by reflecting our dreams, art, at least in part, can appease the desires repressed by civilization.

For Nietzsche, this art of Apollo is transcendence through sublimation. Indeed, for Marcuse the very process of aesthetic presentation is an act of sublimation. In fact, it is through sublimation, the "transformation of sexuality into Eros," that makes civilization possible. And it is the repression posed by civilization that gives art form.

If so, then civilization itself provides a way to fulfill our desire. However, can our desire be fully satiated through such sublimation, through art? Many deny that art can ever completely create a state of narcissistic perfection, but we cannot deny it may partly or at least momentarily satisfy our desire. Otherwise, without even partial release, our dreams transform into nightmares, urging us to reject the values of civilization and leading us to perversion and crime.

Like any belief in fantasy, sublimation in the form of art contains risks. We may forget not only the pains of the world, but also its joys. Furthermore, by focusing upon achieving the ideal, we fail to address the real. And our problems are of the real. If art, lost in the clouds of idealism, fails to realize this, then it cannot move us, losing what power it possessed. Thus, art must be poised between reality and fantasy.

3. Art as the Representation of Reality: Realism and Immanence

Reality is not all sorrow; there exists real beauty in the world. And through that beauty, realism of the 19th Century moved our emotion. Artists of realism, denying the idealization of desire, drew and wrote about life itself, accentuating the real. Their work was incredibly existential, emphasizing existence before essence.

Existentialism, which came almost a full century later, rejected idealism and its attendant essentialism as "bad faith." It presented a counter to transcendence (which requires essence) with immanence, wherein the pain of reality can be beautiful. The very "in-itself" beingness of existence can be awful and awesome. It can act as a form of "primary narcissism", which loves the self in the absence of an external love-object.

Freud's constancy principle elucidates our attraction to immanence and its confines. When faced with the overwhelming responsibility of solving the world's problems, the knowledge of our limits can be a source of solace, providing us with a peace of mind. This then is a step towards the "evolutionary route" where our ego ideal accepts reality.

Such art provides "catharsis." It shows us our death, the end of our being, and we weep for its truth. Yet after, we are rewarded with peace and contentment. Indeed, all tragedies take the form of immanence, as through them we recognize our limitations and feel our sorrows, coming to catharsis. However, for Nietzsche, this art of Dionysus is itself limited. It cannot see beyond the suffering of our world and, as such, cannot provide an alternate world — it cannot create.

IV. Creation and Imitation

1. Imagination and Creation in Art

For Marcuse, the creation of a world is the duty of an artist. Hanna Segal further defines great art as one that thoroughly creates another reality. Indeed, by offering us the possible, the presentation of a new reality moves us to transform our own. For example, the novel "Utopia" written by Thomas More inspired people to try and realize the dream of communism in an attempt to transform the world into a resemblance of the literary paradise. In other words, great art can change the world.

The creative spirit also defines the surrealism of the 20th Century. It declared that the imagination itself could make us happy. Abstractionism and cubism of the 20th Century went further and emphasized the enjoyment of imagination itself. In these perspectives, there is no need to solve the suffering of existence, because of the pure pleasure provided by imagination.

An example of such a technique is "defamiliarization" in Russian formalism, which states that artistic value lies entirely in its form (i.e. its medium, shape, texture, etc). Defamiliarization attempts to enhance our perception, and therefore our experience, by presenting to us objects in unfamiliar and strange ways. This exoticism evokes our curiosity and by extension our emotion. By tapping their imagination and utilizing their creative spirit, artists discover alien representations that aid in the creation of new worlds.

2. Imitation and Art

As mentioned previously, we have a need to return to the state of narcissistic perfection experienced in the womb. It is the desire to re-establish the original experience of satisfaction and happiness. Similarly, to re-capture the original experience evoked by great art, artists imitate existing works.

Great art can move many people, evoking in them a desire to experience it again. This plurality of individual experiences is in fact collective sympathy derived from their collective unconscious. The unconscious is formed through introjection and projection between the self and the world. And when people have a similar experience, a particular unconscious can be collectively shared amongst them. Therefore, when people have collective sympathy towards a work of art, it is because it elicits a personal experience shared amongst them, i.e. it taps into their collective unconscious.

Emerging from the collective unconscious, collective sympathy can be, as Nietzsche envisions, the "primordial subjective experience of the world." However, the size of the canvas upon which it is painted can vary upon its framing. For instance, collective sympathy maybe bounded by space and time. A work may only move the emotion in a certain culture, unable to affect different cultures. A work may deeply move our emotion today, but be inert in the future.

However, sometimes, a work can move across cultures and generations. The collective sympathy it evokes extends beyond space and time. And such great works of art can offer insight into the universal principles of the dynamics of our emotional selves. Therefore, they inspire imitation in artists, who wish to re-capture their fundamental emotional resonances. Yet, since we can never "return to the womb", imitation can never re-create — it can only create. In imitation, we re-make anew.

V. Critics and Role of Art

1. Collective Sympathy and the Criticism of Art

Discovering a universal principle has been a desire since antiquity. In fact, classical philosophy quested to find truth and perfection that was beyond space and time, and thusly could move everyone's emotion. However, some philosophers deny the possibility of universal truth or perfection. They only accept limited collective sympathy. Likewise, while many artists wish to resonate with collective sympathy, other artists only represent their subjective feelings without such considerations.

For Feyerabend, there is only the subjective, even in truth. In *Against Method*, he explores the "anarchistic theory of knowledge", which states that there is no universal method to solving our problems. There exist only subjective points of view, whose veracity only applies to the world in particular contexts. Therefore, art, based upon subjective feelings, is only true in certain places and times. Yet, it also implies that art is true at some point, and at the very least, it is meaningful as itself.

This tension between the subjective and the objective is highlighted in art criticism. Criticism lies distinct from collective sympathy. Whereas collective sympathy lies in the subjective, criticism aims towards the objective. It does so by explaining: first, the technical methods of the representation; second, the spirit of the artist; and third, the contribution of the work to art. Of course, the problem of subjectivity remains because the criticism may be framed by the subjective understanding of the critic. Yet, we engage with criticism because we desire to know the real meaning and purpose of art.

2. The Role of Art and Its Limits

The purpose and role of art is much debated and discussed. For Marcuse, the purpose of art is composed of three acts. The first art is to "avoid the sufferings because sufferings are not pleasant." The second is to "avoid the sufferings because in dealing with suffering art risks subjecting it to aesthetic form, and thereby to the mitigating catharsis, to enjoyment." And the third affirms "suffering as somehow noble, fine, and beautiful." For Fred Alford, inspired by Melanie Klein, the role of art is encompassed in four relations. One, "it helps us to make us more at home in the world." Two, "it helps us to clarify our emotions." Three, "it … creates a realm of personal freedom in an unfree word." Four, "it tells us the truth about the world, even when the truth is unpleasant." What we can say, derived even from disparate opinions, is what we have said — art is the search for truth and perfection, a way to resolve our suffering (i.e.

discontent) resulting from civilization.

In fact, all our activities are oriented thus, aimed by the pleasure principle and driven by Eros and Thanatos. But, what then differentiates art from other studies? What elevate art are two characteristics. Unlike other social theories, art can transform civilization's suffering into beauty. This is possible because art has an imaginable world where our pain and suffering can be solved. No other social theory can propose such an imaginable world, because they are entrenched in reality and this is not possible in reality.

When we consider the above, we can make clear the connections between art and morality — the suffering and its transformation into beauty made possible by an imagined world. The characteristics of these connections are various and cannot be discussed in terms of what they "should be." Indeed, there are no absolute definitions about the relations. In the psychoanalytic understanding of morality, of good and evil, these relations are characterized solely by the people who live in the present time. Much like in Thomas Kuhn's *The Structure of Scientific Revolution*, this is based upon the assumption that yesterday's myth can be today's truth and that today's truth can be tomorrow's myth.

VI. Epilogue

In conclusion, I want to say, "Art exists to move our emotion", which is to say, "Art is a representation of our ego ideal." We feel fulfilled when our emotion is moved. Through sublimation and immanence, art changes our discontent — the pain, suffering, and sorrow — into something beautiful. In this art is unique, as it possesses an imaginable world where anything is possible. Thus, art and only art can create a new world where our sufferings are soothed and our wishes are granted.

참고문헌

국내문헌

미학대계 간행회 편(2007), 미학대계 제1권: 《미학의 역사》, 서울대학교출판부.

______(2007), 미학대계 제2권: 《미학의 문제와 방법》, 서울대학교출판부.

______(2007), 미학대계 제3권: 《현대의 예술과 미학》, 서울대학교출판부.

강영계 번역(1985), 《서양철학사》(*Geschichete der Philophie by Curt Friedlein*), 서광사.

김동욱 편(1991), 《포스트모더니즘과 예술》, 청하.

김용신(2000), 《문명비판 I: 정치철학과 정신분석학의 만남》, 명상.

______(2002), 《성리학자 기대승 프로이트를 만나다》, 예문서원.

우주형 번역, 가시다 슈(1995), 《게으름뱅이의 정신분석학》, 깊은 샘.

외국문헌

Alford, Fred(1989), *Melanie Klein & Critical Social Theory*, New Haven and London: Yale University Press.

______(1988), *Narcissism*, New Haven and London: Yale University Press.

Berns, Laurence(1987), "Thomas Hobbes", *History of Political History*, edited by Leo Strauss & Joseph Cropsey, London and Chicago: Chicago University press.

Chasseguet-Smirgel, Janine(1976), "Some Thoughts on the Ego Ideal: A

Contribution on the Study of the 'Illness of Ideality'", *Psychoanalysis and Social Science*, Vol. 45 (July, 1976), pp.345~373.

______(1975), *The Ego Ideal*, New York: W. W. Norton & Company.

Danhauser, Werner(1989), "Friedrich Nietzsche", *History of Political History*, Editedby Leo Strauss & Joseph Cropsey, London and Chicago: Chicago University Press.

Dostoevsky, Fyodor(1968), *The Grand Inquisitor*, New York: Frederick Ungar Publishing Co.

Feyerabend, Paul(1975), *Against Method*, London: The Thetford Press Ltd.

Fordham, Frieda(1966), *An Introduction to Jung's Psychology*, Middelsex, England: Penguin Books, Inc.

Freud, Sigmund(1961), *Civilization and Its Discontents*, translated by James Strachey, New York: W. W. Norton & Company.

Goodman, Nelson(1972), *Language of Art*, Indianapolis and New York: Bobbs-Marrill.

Greenberg, Jay R. and Mitchell, Stephen A.(1983), *Object Relations in Psychoanalytic Theory*, Cambridge and London: Harvard University Press.

Hall, Calvin(1954), *A Prime of Freudian Psychology*, New York: The New American Library.

Hobbes, Thomas(1962), *Leviathan*, New York: Macmillan Publishing Co.

Hofstadter, Albert and Kuhns Richard, eds.(1976), *Philosophy of Art and Beauty*, Chicago: Chicago University Press, Phoenix Edition.

Kim, Yong Shin(1992), *The Ego Ideal, Ideology, and Hallucination*, New York and London: University Press of America.

Krell, David Farrell, ed.(1977), *Martin Hidegger: Basic Writings*, New York and London: Harper & Row Publishers.

Kuhn Thomas(1962), *The Structure of Scientific Revolutions*, Chicago and London: University of Chicago Press.

Langer, Susanne(1957), *Problems of Art: Ten Philosophical Lectures*, New York: Scribner's.

Lawrence, D. H.(1962), "Preface to Dostoevsky's The Grand Inquisitor", *Dostoevsky*, edited by Rene Wellek, Englewood Cliffs, N.J.: Prentice-Hall, Inc.

Lichtheim, George(1970), *George Lukacs*, New York: The Viking Press.

Machiavelli, Nicolo(1950), *The Prince and Discourses*, New York: Random House.

Marcuse, Herbert(1978), *Aesthetic Dimension*, Boston: Beacon Press.

______(1966), *Eros and Civilization*, Boston: Beacon Press.

Mehan, Hugh and Wood, Houston(1983), *The Reality of Ethnomethodology*, Malabar, Florida: Robert E. Krieger Publishing Company.

Mitscherlich, Alexander(1963), *Society without Father*, New York: A Hellen and Kurt Wolff Book, Harcourt Brace & World, Inc.

More, Thomas(1949), *Utopia*, translated and edited by H. V. S. Ogden, Arlington Heights, IL: AHM Publishing Corporation.

Nietzsche Friedrich(1966), *Beyond Good and Evil*, translated by Water Kaufmann, New York: Vintage Books.

______(1968), "The Birth of Tragedy", translated by W. Kaufmann, *Basic Writings of Nietzsche*, edited by Kaufmann, New York: Modern Library.

______(1964), *Will to Power: The Complete Work of Friedrich Nietzsche*, Vol. 14, translated by Anthony M. Ludovici, New York: Russel and Russel, Inc.

Plato(1956), *The Great Dialogues of Plato*, translated by W. H. D. Rouse, New York: Mentor book.

Sartre, Jean-Paul(1957), *Existentialism and Human Emotion*, New York: The Wilson Library.

Segal, Hanna(1955), "A Psycho-Analytical Approach to Aesthetics", *New Directions in Psychoanalysis*, edited by M. Klein, P. Heimann, and R. Money-Kyrle, London: Tavistock.

Storr, Anthony(1973), *Jung*, London: Pontan Press.

Tertz, Abram(1960), *On Socialist Realism*, New York: Pantheon Books.

Wright Huntington(1917), *What Nietzsche Thought*, New York: B. W. Huebsche.

찾아보기

怡堂 金容新

1950년 생.
1972년 전남대학교 정치학과 졸업.
중앙대학교 정치학 석사(정치사 전공), 고려대학교 문학 석사(한국사 전공), 미국 조지워싱턴대학교(GWU) 정치학 석사(비교정치 전공).
미국 메릴랜드주립대학교(UMCP)에서 정신분석학 지식을 이용한 정치행동연구로 정치철학박사 학위를 받았다.

만 5세에 毅堂 朴俊東 선생 문하에서 서예를 시작하였으며 素荃 孫在馨 선생에게 사사하였다. 1976년 제1회 개인전을 개최한 후 1979년에는 《怡堂 金容新 書集》을 발간하였고, 2005년에는 문화일보 갤러리 기획전으로 '怡堂 金容新 書學入門 50周年 記念展'을 개최하였다.

주요 저서로는 *The Ego Ideal, Ideology, and Hallucination*(미국, University Press of America), 《문명비판 I: 정치철학과 정신분석학의 만남》, 《문명비판 II: 한국인의 잠재의식과 정치병리》, 《성리학자 기대승 프로이트를 만나다》, 《보수와 진보의 정신분석》 등이 있으며, 退溪선생과 高峰선생의 '四七理氣往復書'를 영역(대우재단 후원)한 *Letters Between Toegye and Gobong on the Four Virtues and the Seven Passions*가 있다.

우리 시대의 마지막 '보편천재',
막스 베버가 21세기의
학문, 정치, 종교에 던진 메시지

Max Weber

직업으로서의 학문

막스 베버 지음 전성우 옮김

학문을 '천직'으로 삼고자 하는 자에게는 어떤 덕목이 필요한가?

백여 쪽밖에 되지 않는 이 책은 현대 사회과학 역사상 가장 널리 읽혀온 강연문 중 하나이다. 베버는 이 책에서 학자라는 '직업'에 필요한 '외적' 조건과 '내적' 자질, 근대 학문의 본질, 근대 문화에서 학문이 차지하는 위상, 학문과 정치의 관계, 규범적 '가치판단'과 과학적 '사실판단' 간의 구분 등 실로 학자 및 학문에 관해 우리가 던질 수 있는 가장 본질적인 문제들을 평이하면서도 깊이 있게 다룬다.

4×6판 · 값 6,000원

직업으로서의 정치

막스 베버 지음 전성우 옮김

정치의 소명은 무엇이고 그 배반은 언제 일어나는가?

정치에 대한 필생의 사유를 해박한 지식과 특유의 섬세하고 깊은 통찰력으로 풀어낸 이 강연은 근 1세기의 세월을 뛰어넘어 오늘날 우리의 정치적 성찰을 이끌어 주기에도 전혀 손색이 없다.

4×6판 · 값 6,000원

막스 베버 종교사회학 선집

막스 베버 지음 전성우 옮김

종교적 초월의 세속적 의미는 무엇인가?

첨단과학의 21세기는 종교의 학문적, 정치적 대부활로 시작하였다. 의미상실의 첨단과학시대에 종교는 무엇을 뜻하는가? 글로벌시대에 문명간 충돌은 왜 발생하는가? 막스 베버의 종교사회학 핵심논문을 모은 이 책에서 그 해답을 찾을 수 있을 것이다.

4×6판 · 값 9,000원

광기의 역사

감시와 처벌
감옥의 역사

성(性)의 역사 1
앎의 의지